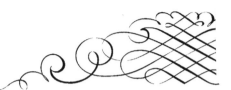

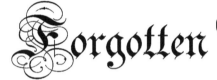 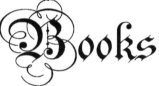
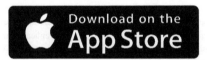
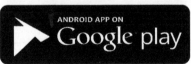
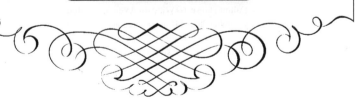

ISBN 978-0-243-89738-4
PIBN 10745914

1 MONTH OF
FREE
READING

at
www.ForgottenBooks.com

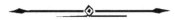

By purchasing this book you are
eligible for one month membership to
ForgottenBooks.com, giving you
unlimited access to our entire
collection of over 700,000 titles via
our web site and mobile apps.

To claim your free month visit:

www.forgottenbooks.com/free745914

FRONTISPIZIO.

Appartiene questa gaia veduta alla casa di Marco Lucrezio Decurione pompeiano elaboratamente descritta nella relazione degli scavi posta in fine di questo volume. Nella fronte sta una nicchia lavorata a musaico ed ornata di diverse conchiglie con entro una statuetta marmorea di Sileno sostenente col braccio sinistro un otre, donde sgorgava l'acqua, che scendendo per cinque scalini con canaletto nel mezzo si raccoglieva nel sottoposto bacino: dal centro di questo sorge una doccia dalla quale pollava l'acqua ani-

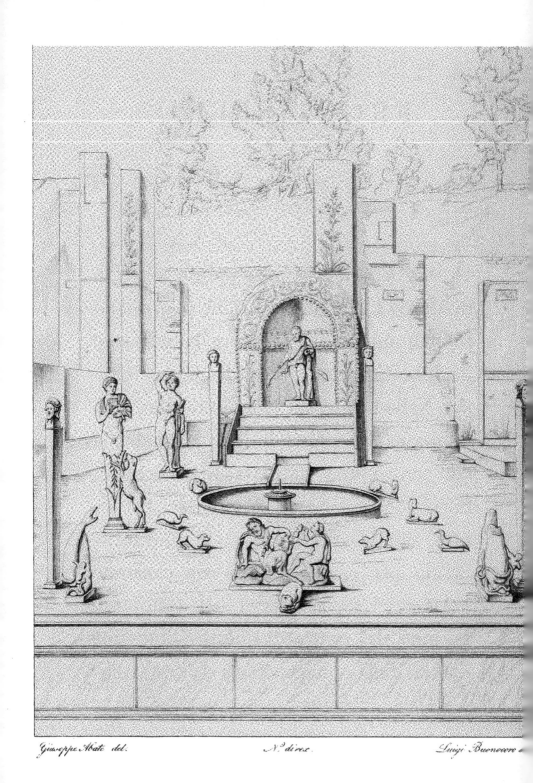

Giuseppe Abate del.   N.° diece.   Luigi Buonocore

FRONTISPIZIO.

APPARTIENE questa gaia veduta alla casa di Marco Lucrezio Decurione pompeiano elaboratamente descritta nella relazione degli scavi posta in fine di questo volume. Nella fronte sta una nicchia lavorata a musaico ed ornata di diverse conchiglie· con entro una statuetta marmorea di Sileno sostenente col braccio sinistro un otre, donde sgorgava l' acqua, che scendendo per cinque scalini con canaletto nel mezzo si raccoglieva nel sottopósto bacino : dal centro di questo sorge una doccia dalla quale pollava l'acqua animatrice della fonte. Due erme bicipiti di marmo fiancheggiano l'edicola, ed intorno al bacino sono qua e là disposti dieci animaletti anch'essi di marmo, e tra questi al davanti un vivacissimo gruppetto di un Pane barbuto, cui un piccol Fauno toglie una spina dal piede. Dal lato sinistro del riguardante stan due statuette di Fauno, l'una in atto di guardare verso il sole, facendosi riparo con la destra dei suoi ardenti raggi, l'altra a mezza figura e con siringa ha raccolto nella nebride un caprettino, che la capra sua madre par che reclami belando ed alzandosi desiderosa sulle gambe posteriori. Chiudono la composizione due lunghe erme, l'una a destra e l'altra a sinistra, esprimenti amendue Bacco Indiano ed Arianna.

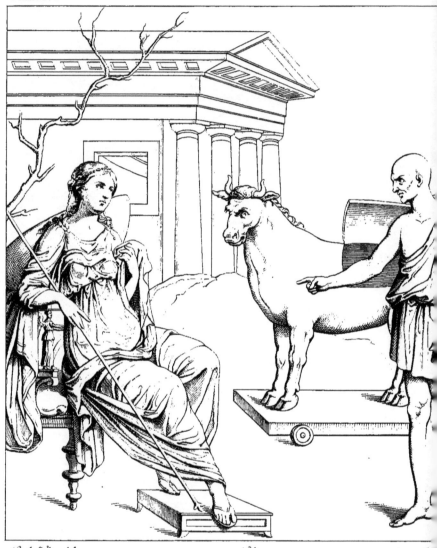

Nic. la Volpe del.   N. dinx.

DEDALO E PASIFAE -- *Dipinto pompeiano.*

Meno abborrente che in generale non credesi fu l'Arte antica dal figurare il bestiale amor di Pasifae e il non meno infame ministerio che Dedalo le prestò. Secondo la volgar tradizione, alla quale contrastò appena Luciano ed alcun altro, raccontarono l'avventura e Diodoro di Sicilia ed Apollodoro ed Igino (1); la cantarono più volte Properzio, Ovidio, Virgilio; nel bronzo e nel marmo o sugl'intonachi la istoriarono scultori e dipintori. Nelle porte stesse del tempio d'Apolline in Cuma, siccome leggiamo nel sesto dell'Eneide, erano effigiati quegli amori nefandi e la prole biforme che poi ne fu conseguenza e memoria. Veggonsi tuttora quelli variamente trattati ne' due bassirilievi marmorei del palazzo Spada e della Villa Borghese, illustrati dal Winkelmann. In pittura a fresco poi per ben tre volte ricorse lo stesso argomento nella nostra Pompei: la prima nel pilastro di una pubblica via, e propriamente quella in continua-

(1) Diod. lib. 4, Apollod. lib. 13. c. 2, Igin. fav. 40.

ne della seconda fontana ; la seconda nella casa
Meleagro ; la terza in quella detta della *gran
ccia.* Cosi guasto era il primo di tai dipinti che
n si attese ad illustrarlo ; mutilato ancora com-
rve il secondo, ma fu descritto in quest' opera
disegnato nella tavola LV del volume settimo.
cco alla fine il terzo, al pari del precedente com-
sto di tre figure, Pasifae, Dedalo e la lignea gio-
nca, ma quasi intero del tutto e tale da servir
me all' altro di complemento.

Vedesi qui ancora la regina assisa, e l' arte-
ce in piè e presentante l' opera sua, cioè la falsa
acca, nel cui dorso è praticata l'apertura col
o coperchio, e la quale poggia sopra tavolato
orrente mercè quattro rotelle ; accessori tutti co-
uni ai due affreschi ; e l' ultimo artificio delle
otelline, mentovato da Apollodoro, non fu ob-
liato nemmen dall' autore del bassorilievo borghe-
iano. Il luogo della scena che nella precedente pit-
ura non iscorgevasi, viene in questa chiaramente
ignificato : è innanzi al peristilio della reggia, del
uale veggonsi quattro doriche colonne che ne
ostengono il frontispizio. Sotto un albero brullo,
ecco e bistorto, siede la moglie di Minosse in ma-

gnifica sedia d' avorio a bracciuoli riccamente intagliata e sulla quale è gettato un panno di color verde. Ella è regalmente vestita con tunica paonazzina e manto giallo foderato di cilestro; tiene in una mano aurato scettro; le circonda il capo gemmato diadema, i cui bendoni le cadou sugli omeri; ha in fine i piedi appoggiati ad uno sgabello. Le stà dirimpetto l'artefice coperto solo di breve tunica cilestrina. Nella sinistra ei tiene l'ascia; ed indica con la destra l'artificiata giovenca, ravvolta forse d'una pelle di quell'animale, come scrisse il mentovato Apollodoro, e nella quale scorgesi aperto il coverchio dell'entrata. Così in questo quadro è compiuto quanto nell'altro faceasi desiderare.

Nella descrizione dell'ultimo non ripeteremo pertanto ciò che nell'illustrazione del primo fu detto da un nostro collega, circa la storia che ne forma il subbietto. Solo ci rimane ad aggiungere che questo dipinto trovasi nel tablino della casa testè nominata e propriamente a man destra, in mezzo ad elegantissima parete di fondo cilestro.

Roaffaele Liberatore.

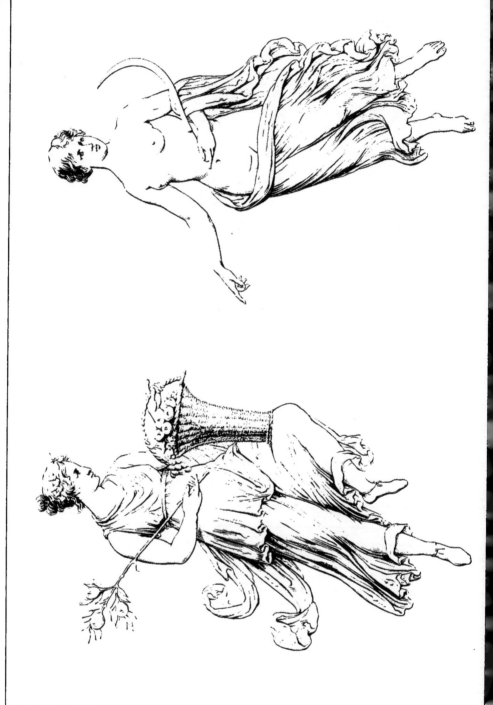

DUE DANZATRICI -- *Pittura pompeiana.*

IL lusso degli antichi Romani era tanto esorbitante che ai nostri tempi sembra piuttosto favoloso che verosimile. Quando il lusso romano vagiva ancora bambino, nè era cresciuto gigante come lo divenne dipoi nell'Impero, le cene in *Apolline* di Lucullo costavano cinquantamila dramme, circa novemila cinquecento ducati. Nè la imbandigione di cene così smoderatamente costose, bastò a saziare le voglie di quei delizianti, che vollero aggiungervi anche il diletto e lo spendio della musica, e della danza. Al qual diletto l'antica Roma manteneva tremila danzatrici con altrettanti maestri di ballo ed i cori corrispondenti (1): giacchè pare che associassero al ballo la musica vocale ed istrumentale. Queste ballerine eran chiamate a rallegrare i banchetti dell'eterna Città, e vi facevan la loro comparsa ora figuranti Nereidi, ora Ninfe (2), quando Baccanti e

(1) Ammian. Marcell. l. 14.
2) Aten. lib. V. c. II. p. 130.

talora Divinità (1). Tutte queste cose che qui brevemente riassumiamo le abbiamo distesamente nar-
rate nel volume VII di questa opera alla tavola 33,
e seguenti.

Premesse adunque queste brevi notizie sull'uso
degli antichi Romani di mescolar la danza ai còn-
viti concluderemo le due ballerine in questa tavola
rappresentate non altro esprimere che due di quelle
danzatrici che il lusso romano impiegava a rallegrare le cene. E facendoci a considerare i loro emblemi e le loro figure ci viene in mente la congettura che potessero esprimere due stagioni, l'estate
e l'autunno, cioè la messe ed i frutti alle mense
non solo grati ma necessari. In fatti una di queste
due ballerine sostiene con la sinistra un canestro
ripieno di uve e di frutti che indica allora allora
colti dall'albero con quel ramo carico di pomi e
di frondi che tiene nella destra. Del che e non di
altro ci sembra significativo quel ramo con frutti
e foglie quasi volesse esprimere che quei pomi e
quelle uve che ha in quel canestro non sono
state ad industria fuori stagione serbate, ma allora
colte dagli alberi, il che viene a significare l'at-

(1) Plut. *Con.* qu. IX. prob. 17.

tualità della stagione che quei frutti produce. Nell'altra danzante seminuda con falce nella sinistra chi non ravvisa una ninfa reduce dalla mietitura? E come la falce indica l'esercizio di questa vezzosa, cosi il seminudo suo corpo segna il calore della stagione, la quale idea mista di caldo e di messi è la meglio atta a figurare l'estate.

Nel triclinio di una casa pompeiana posta alla parte postica del Calcidico d'Eumachia si sono rinvenute queste due danzatrici dipinte su fondo giallo. Una, quella che supponiamo esprimer l'autunno, è vestita di una sistide verdastra due volte succinta; l'altra ha un pallio paonazzo che ventila in molli pieghe sotto la sua cintura.

Guglielmo Bechi.

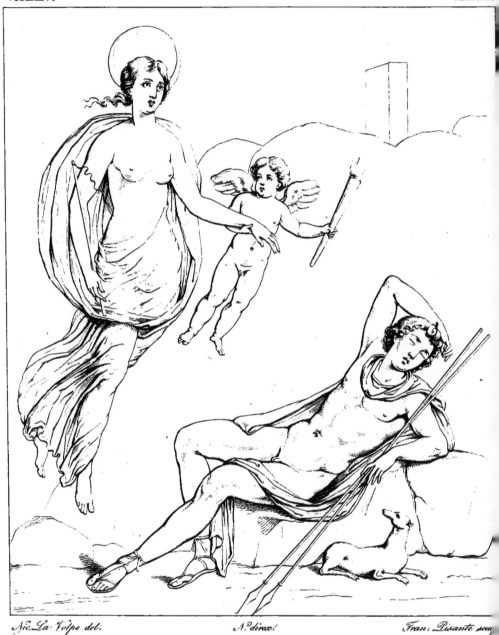

Nic. La Volpe del.   N.° direx.   Fran. Pisante sculp.

DIANA ED ENDIMIONE.

SIA che Endimione fosse nato figliuolo di Giove e della vezzosa Calice (1), sia che fosse stato un re dell' Elide (2), sia che amante della caccia (3) e della pastorizia (4); certa cosa è aver egli ricevuto dal Sommo de' Numi eterna gioventù, e sonno perenne (5), e meritatosi l'amor di Diana, la quale di notte abbandonate le celesti sfere a visitarlo scendeva. E questo veggiamo nel pompeiano dipinto che qui viene esposto. Giace il pastore in nobilissima postura sopra un sasso, stringendo ancor tra le mani i due giavellotti con che inseguiva le belve, ed ancora gli sta dappresso il cane fedele, che, all'arrivo della Dea, da quella parte si volge. La quale venendo dal Cielo stringe tuttora nella destra il flagello con che agitava le cerve della sua biga, e si fa condurre da vezzoso Amo-

(1) Conone *Narrat.* 14.
(2) Pausania V, 1, 8.
(3) Eraclito *De Incredib.* 38.
(4) Vedi lo Scoliaste di Teocrito *Idyl.* III, 49.
(5) Apollodoro I, 7, 5.

rino portator di una fiaccola. Notevole è il nimbo
che a forma di luna le adorna la testa ; notevole
quel manto finissimo a ricche pieghe (1) in che a
metà è involta ; notevolissima la grazia, l' avvenen-
za e la compostezza che nelle vaghe membra si
osserva.

Bernardo Quaranta.

---

(1) I Creci chiamavanlo ιματσον, γυναικειον, επιβλημα, περιβλημα.

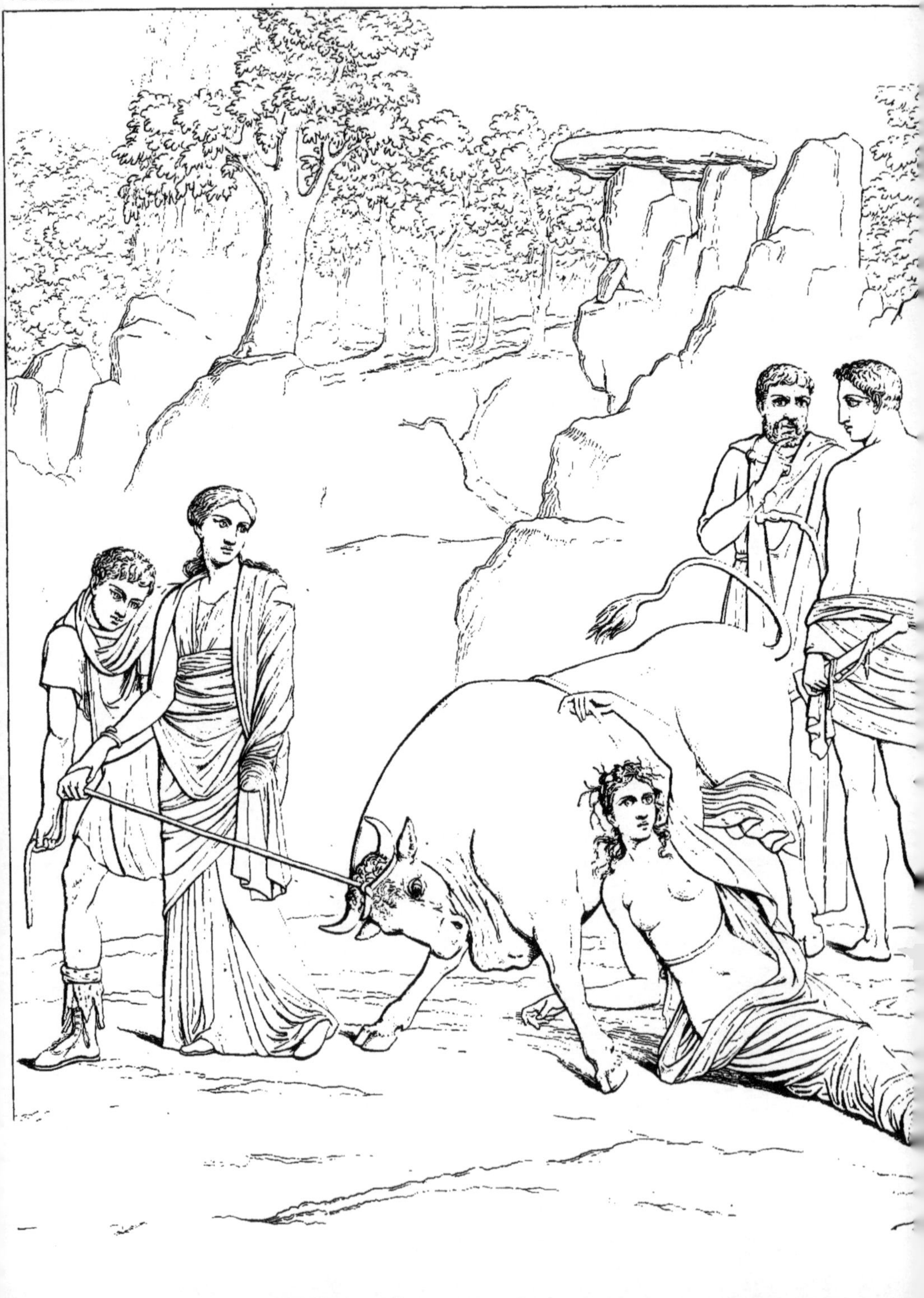

Il supplizio di Dirce. — *Affresco scoperto non ha molto in Pompei.*

Celebre in tutta la Grecia e per la sua beltà e per le sue avventure fu Antiope figliuola di Nitteo re di Tebe e della Ninfa Polisso. Secondo le più ricevute opinioni (1) Antiope fu amata da Epopeo re di Sicione nemico di Nitteo : questi morendo lasciò la corona a Lico suo fratello , e gli raccomandò di vendicarlo di Epopeo. Salito Lico al trono di Tebe, debellò Epopeo, e divenne sposo di Antiope: ingelosito questo principe della corrispondenza ch' essa aveva avuto con Epopeo , la ripudiò. La derelitta fu visitata da Giove sotto le sembianze di Satiro (2) che la rese incinta. Dirce seconda moglie di Lico ne accagionò suo marito, e fè rinchiudere in orrendo carcere la infelice An-

(1) Apollod. l. 3. c. 7. Igin. fav. 155. Paus. l. 1. c. 6, ed altri molti.

(2) Di questa metamorfosi di Giove vedi *Ovidio Metam.* lib. VI. v. 110 e 111. Nonn. Dionys. VI , 123 ; del pari che la spiegazione data dal nostro amico e collega sig. D. Giulio Minervini nel n. IV. del Bullettino archeologico napoletano pag. 26 della pregevole tazza greca dipinta in Anzi, nella quale fra l' altro questa trasformazione di Giove per Antiope egli ravvisa e chiarisce.

★★

)pe , ove le fè subire i più acerbi trattamenti ;

che impietosito Giove la liberò dalla prigione
la nascose sul monte Citerone , ov' ella diede
luce Amfione e Zeto , i quali furono allevati
il pastore Ordio che aveva dato ospitalità alla
ro madre. Istruita Dirce del ritiro della sua
vale si porta sul monte alla testa delle Baccanti
ie vi celebravano le orgie del loro nume , vi
ova Antiope , e col favore delle orgie se ne
ipadronisce per compier su di lei l' ultima sua
endetta. I figli allora scortati dal vecchio pa-
ore , che riconoscevano come padre , riescono
strappare la loro madre dalle mani della furi-
onda Dirce , e legarono quest' ultima ad un in-
omito Toro per farla dilaniare tra le rupi e i
onchi del Citerone. Commosso Bacco dalla di lei
rentura e riconoscente pel culto ch' essa gli aveva
istantemente prestato , fece impazzire Antiope , e
mbiò Dirce in una fonte, che da quel momento
e portò il nome.

Dopo aver rammentate le dette favole , noi
giugniamo solamente che reso noto per tutta la
recia il supplizio di Dirce , celebrato da' mitologi,
l abbellito da' poeti, sin da' tempi del re Antigono,

Apollonio e Taurisco l'eternarono in Rodi con un gruppo magnifico di gran mole che meritò dalla grandezza romana di esser trasportato in Roma; ed altri artefici meno intraprendenti de'primi pur la memoria ne tramandarono alla posterità co'loro lavori. A noi però non è pervenuta notizia che taluno de' divini pittori della Grecia avesse espresso nelle sue opere la dolente istoria di Dirce. Era riserbato agli scavi di Ercolano e di Pompei, sorgente perenne di antiquarie ricchezze atte a porger lume sopra tanti monumenti rimasi ancor dubbi, di presentarci in preziosi affreschi due diversi esemplari di que' sublimi lavori che il supplizio della regina di Tebe ci esprimono, e con maggiori particolari dello stesso famosissimo gruppo di Apollonio e Taurisco, del quale or ora terremo parola.

Presenta l'affresco pompeiano Dirce come assisa a terra per essere strascinata dal furibondo toro, cui è avvinta per una coreggia che cingendola per la metà del busto si avvolge al corpo del toro stesso. A dritta Zeto eccita alla corsa il toro tirandolo per una fune annodata per sotto alle corna nel mezzo della fronte, mentre che Antiope par che voglia spingere con la sua destra la mano del figlio per veder compiuta la sua vendetta. A sinistra Amfione col veglio suo educatore meravigliati· risguardano l' esito dell' inventato supplizio. La scena si rappresenta sul Citerone indicato dalle alpestri rupi , e da una folta boscaglia espresse nel fondo del quadro. Dirce vestita da Baccante è ancora coronata di edera : al moto irregolare della persona di volersi slacciare dal toro, puntellandosi col braccio destro sul suolo ed elevando la sinistra sino ad immetterla nella coreggia, si apre il sottil manto cilestro, di cui era ricoperta , e lascia comparire il nudo del corpo dalla metà in su: Antiope è vestita di lunga sistide verde ricoperta da sinuoso manto rossiccio: l'attitudine di volere spingere la mano del figlio a viemaggiormente incitare il toro le fa scoprire il destro braccio ornato al polso di una smaniglia di oro. Zeto ha una corta tunica succinta ed un piccolo mantello, essendo rivestite le sue gambe di calzari formati da pelle di fiera a testimonianza della sua vita pastorale. Amfione in sembianze atletiche non ha altre vestimenta che un semplice manto paonazzo av-

volto alla cinta che gli passa per di sopra al sinistro braccio prosteso, la di cui mano stringe un
pugnale nel fodero, al quale è pur raccomandato il
balteo, reggendo nella dritta una lunga asta, consueta
insegna degli eroi. Il pastore, o pedagogo che voglia dirsi, è vestito di lungo abito giallastro ricoperto da un manto rosso affibbiato al davanti dell'
omero dritto. Egli appressa l'indice della destra alla
bocca volgendosi ad Amfione, e nella sinistra stringe il pedo, attributo caratteristico de' pastori.

Variamente gli antichi scrittori narrano il modo onde Dirce fu avvinta all'indomito toro. Molti
convengono che fosse stata avvinta alle corna, ed
altri alla coda; niuno però con precisione ricorda
che fosse stata legata al corpo del furibondo quadrupede, nel modo col quale si vede in questo affresco. Ma, generalmente parlando, dagli artisti queste differenze non si reputano di gran momento;
poichè stabilito il soggetto da rappresentarsi, il rivestono di quelle circostanze che meglio possan far
rilevare la valentia dell'arte che professano, sce-
gliendo quella tradizione che più si accomoda al
genere del loro lavoro. Doveasi presentare Dirce
straziata per mezzo di un toro stizzito; poco ri-

vava se la vittima fosse stata avvinta o alle

rna , o alla coda , o al. corpo del toro (1).

eesi però osservare che la scultura, la quale tratta

composizioni a rilievo, batte ben altre vie della

(1) Difatti nel *Montfaucon* è riportato un bel gruppo, nel quale Dirce è attaccata
coda di un maestoso toro; ed in una pietra incisa è espresso Amfione e Zeto, l' u-
tenendo fermo il toro , l' altro avvolgendogli una fune alle corna , nel mentre
la sventurata Dirce prostrata innanzi ad essi invano implora pietà ; ed in questa
sa attitudine a noi sembra espressa nel bel frammento di cammeo sopra onice
)ato fra le gemme del Real Museo Borbonico, nel qual frammento è sol rimasa
:esta del toro con la sinistra di Amfione che ne abbranca un corno , e la figura
Dirce dalla metà in su con le chiome scarmigliate e che in atto supplichevole
ı in alto la sua sinistra mano. In un piccolo gruppo di avorio ritrovato sono
mai circa venti anni in una casa pompeiana tutto frammentato vedesi Dirce ,
la quale non rimane altro che la metà della figura priva delle braccia , tutta
rmigliata e piangente , cinta da una fascia che doveva avvincerla al toro. Dirce
l' affresco ercolanese è legata al toro ch' è già impennato allo incitamento di
ıfione che lo aizza abbrancandolo strettamente per la testa , mentre che la sven-
ata è ancora in ginocchio supplicando a mani elevate l' inflessibile Zeto, il quale
ece par che contorca la coda del toro per maggiormente aizzarlo, al che un
tore a sinistra par che voglia accorrere. Nel monumento di Apollonio e Tauri-
che or ora vedremo era forse legata pel crine per mezzo di una fune alle
na del toro, come afferma Igino: *Dircem ad taurum crinibus religatam necant.*
. 8 ; oppure al collo , come ricorda Properzio all' eleg. 13, lib. III. al v. 38.
ıxerunt Dircem sub trucis ora bovis. Nelle monete di Tiatira vedesi Dirce le-
a al toro che supplichevole colle mani alzate implora pietà da Amfione e Zeto,
quali l' uno l' afferra pe' capelli, e l' altro procura di fermare il toro già
alberato: *Eckell. Num. vet. anecd. pag. 269.;* egualmente in un medaglione
Settimio Severo è espressa nel rovescio Dirce di già avvinta al toro che sta
subire il suo supplizio ; ed in un altro di Trajano imperatore è rappresentata
misera che vien legata al toro da quegli implacabili figliuoli di Giove.

pittura che l'esegue sul piano; quindi è che Apollonio e Taurisco, ed altri che gli han seguiti, han trovato il loro effetto nel legare Dirce alle corna o alla
coda del toro, perchè nel tondo della scultura potevasi
da tutti i lati osservare la composizione; il pittor Pompejano al contrario, ovvero il pittore che eseguì l'o-
riginale del medesimo affresco, ha legata Dirce al
corpo del toro per presentare l'una e l'altro in
modo da fargli interamente sul piano osservare :
il che nel mentre sembrava una libertà molto avanzata del pittore, è da considerarsi come un raffina-
mento di arte, ove ancor si ponga mente alla poca
conoscenza di prospettiva lineare, che si scorge ne'
monumenti dell' antica pittura. Ed è forse per
questa mancanza stessa che lo spettatore resta indeciso, se debba credere in questo importantissimo
affresco Antiope impegnata più tosto a spingere,
o a trattenere la mano di Zeto, e se il pastor pedagogo intimi silenzio ad Amfione più per rattenere
la impazienza di attendere l'esito del supplizio,
che per distornare un risentimento verso d'Antiope che sembra impedire a Zeto l'aizzamento del
toro; seppur non voglia dirsi che il pittore Pompejano non abbia raggiunto in questo suo lavoro il

vace effetto dell'originale, e ne abbia illanguidite
mosse e raffreddata, per così dire, la espressione ;
rattere non ordinario che han le copie a fronte
gli originali. Del resto questo nostro affresco è da
nsiderarsi fra i più pregiati della nostra vasta
llezione, sia che si riguardi pel merito dell'arte,
per la importanza del suggetto, sia che si con-
leri per la relazione che ha coll'altro insigne
onumento di marmo, del quale or passiamo alla
samina.

· *Giovambatista Finati.*

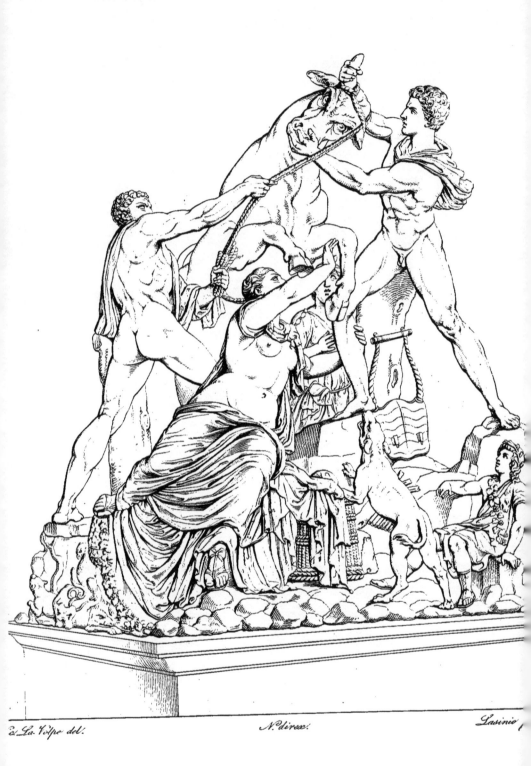

A. La Volpe del.   N. direx.   Lasinio

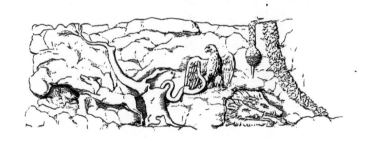

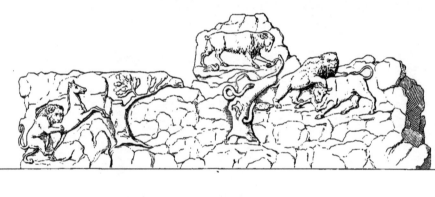

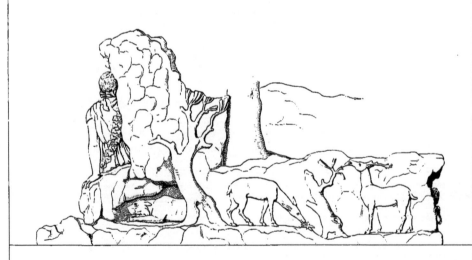

Ferd. Mori del: et sculp.   N.dincco.

Il Toro Farnese, ossia il supplizio di Dirce — Gruppo in marmo grechetto alto palmi sedici per palmi quattordici.

Ecco il famigeratissimo gruppo volgarmente conosciuto sotto il nome del *Toro Farnese*, opera classica de' greci artefici Apollonio e Taurisco, ricordata da Plinio, e posta in dubbio da varj scrittori del passato secolo (1). In esso è rappresentato il medesimo soggetto della Tavola precedente, il supplizio cioè che Amfione e Zeto figliuoli di Antiope apprestano a Dirce per gli oltraggi fatti alla di loro genitrice.

Questo prezioso monumento fu trasportato al dir dello stesso Plinio dall'isola di Rodi a Roma, e si crede che Asinio Pollione uomo sommo, guerriero invitto, e grande amatore delle arti del tempo di Augusto (2) avesse comprato il nostro gruppo in-

(1) Vedi il Winckelmann storia delle arti del disegno.

(2) Dice di lui Plinio l. V. che *ingenia hominum rem publicam fecit.* Ed Orazio nell'Oda I. nel lib. II. lo loda in tai termini *Insigne moestis praesidium reis. — Et consulenti, Pollio, curiae. — Cui laurus aeternos honores — Dalmatico peperit triumpho.*

me con le migliori statue che erano in Grecia
r mostrarle poi tutte riunite al pubblico. Ne
ole che allorquando sotto il pontificato di Pao-
III Farnese fu tratto dalle terme di Caracalla si
nvenne molto danneggiato, e che i ristauri pra-
ati dallo scultor milanese Giovan Battista Bianchi
n abbian raggiunto il merito sorprendente del-
antico che risale a' tempi de' primi successori di
lessandro. E qui giova osservare anche una volta
opo del Winckelmann che questi ristanri sian la
rincipale e male augurata cagione, che indusse a
redere non pochi nel passato secolo che questo
onumento non fosse quello menzionato da Plinio,
erchè non offre gran bellezza nel suo lavoro; vi
no più cose di quelle ch'esso descrive; ed è manante della iscrizione, che mosse disputa se i due
enzionati scultori fosser figli di Artemidoro, o di
Ienecrate, che quella iscrizione come loro padre
gualmente dichiara; ma che fosse bensì un'opera
i romano scarpello, una ripetizione infine di quello
i cui ha parlato Plinio. Or per disingannare chiun-
ue sarà sufficiente lo esaminare quel che ci è
imasto di antico nel monumento, ed il luogo del
odato storico della Natura e dell'Arte.

In una inchiesta di tanta importanza abbiamo creduto nostro debito di notare diligentemente
le parti ristaurate di questo gran monumento; il
perchè dopo averlo minutamente più volte osservato, abbiamo pur pregato il nostro amico e collega
l'egregio Professore di scultura signor Solari, pe-
ritissimo conoscitore di antichi monumenti, a voler
esaminare attentamente, com'è suo sistema, parte
per parte questo gruppo ed indicarne con precisione i ristauri. Per sola ragione di brevità crediamo
ben fatto d'inserir testualmente il suo riscontro
nella sottoposta nota (1), il risultamento del quale
abbiamo verificato esattissimo e tale come noi ave-

(1) » Signor Cav. Amico e Collega — Mi è giunto graditissimo il suo invito
» di esaminar con attenzione le parti modernamente ristaurate del magnifico grup-
» po del Toro Farnese: io la ringrazio dell'occasione che mi ha procurato di
» occuparmi novellamente di un monumento che ha formata in altri tempi parte
» de' miei studj sull'antico; ed accoglierà in questo rincontro che io unisca all'e-
» same de'ristauri qualche riflessione sulla figura muliebre posta alle spalle di tutta
» la composizione di questo gruppo, e ch'ella accortamente suppone che non rap-
» presenti Antiope.

» La figura di Dirce tiene di restauro tutto il corpo dall'umbilico in su con
» l'intiera testa, similmente le due braccia con porzione della coscia e gamba
» destra, e qualche pezzo nel panneggiamento.

» Amfione ha di ristauro l'intiera testa sino alla clavicola, come le due brac-
» cia con porzione delle mani, similmente le gambe da sopra al ginocchio sino ai
» piedi, de'quali vi è nel sinistro d'antico tre dita di mezzo con una porzione di
» piede; e della clamide che gli svolazza da dietro una porzione è moderna.

mo riconosciuto; onde è che passiamo a descri-
r questo monumento nel modo in cui or si vede,

» Zeto ha di restauro l'intiera testa sino alla clavicola, la gamba sinistra
sino alla metà della coscia unita al tronco, restando d'antico la punta del piede
:on le dita; il ginocchio con metà della gamba dritta sino al calcagno; similmente è moderno il braccio destro, cioè dal deltoide sino alla mano che tiene la
:orda, come ancora l'antibraccio sinistro con la mano, la corda, e porzione
ella clamide.

» La figura muliebre ha di restauro la testa sino alla clavicola, tutto il braccio
destro da sotto al deltoide con l'intiera mano, l'antibraccio sinistro con la mano
:he stringe la lancia, e parte della gamba sinistra.

» Al Toro sono di restauro le orecchie e le corna, le due gambe d'avanti,
e due di dietro incominciando da sopra al ginocchio sino all'ultima piegatura delle
:ampe che sono antiche, e porzione della coda.

» Al tronco ov'è appoggiata la lira vi è circa un palmo di restauro con por-
ione della lira.

» Il Baccante ch'è seduto tiene di restauro metà della gamba diritta col piede
ch'è in bassorilievo con porzione del monte, l'antibraccio con la mano dritta
è moderno, similmente il braccio sinistro sino al polso, e piccoli restauri nella
esta, nella pelle di capro, e tunica che indossa.

» Il cane ch'è di sotto al toro è quasi tutto moderno, all'eccezione di qual-
he punta di zampa ch'è antica.

» Delle tre altre facce della base nel primo lato dove sono i cervi ciascuno
li essi ha di restauro le due gambe che sono staccate dal monte, più nel pri-
no di essi v'è un'orecchia moderna, nell'altro porzione della testa con un corno.
Nel secondo lato vi sono molti piccoli restauri e sono la testa di un falchetto,
a testa di un cane sino al petto con una zampa, e la testa dell'aquila con la
testa della serpe che la vuol mordere.

» In ultimo al lato posteriore vi sono di restauro la gamba dritta d'avanti
lel piccolo cavallo; le due gambe che sono staccate cioè una d'avanti, e l'altra
li dietro del caprone; la testa ed altri piccoli pezzi nell'orso e nel toro; e la
:esta nella testuggine ».

e a rilevare senza alcuna iattanza le bellezze cl
da per loro stesse si manifestano in quelle antic
parti che sono state rispettate dal tempo e dal
diverse vicende, cui il nostro straordinario grup
è andato soggetto.

Con molto sapere e vivacità sono espressi
questo enorme masso marmoreo Amfione e Zet
presso che nudi nelle persone, in atto di aizzai
un selvaggio toro, alle di cui corna (1) par cl
dovesse esser per mezzo di lunga fune legata Dir
pe' capelli : una sua ancella, o seguace che vogl
dirsi, posta alla parte postica del gruppo, ed un gr

» In quanto alla figura muliebre in piedi posta alle spalle del gruppo, ben (
» serva che pel sito ignobile ove è situata non possa rappresentare Antiope, giacc
» essendo essa una delle parti principali del soggetto non sarebbe stata quivi colloca
» da que' valenti scultori greci ; per cui opina che sia un' ancella di Dirce.
» riflettendo io su questa osservazione soggiungo che esaminando quella figura sp
» glia da' restauri, scorgo dall' azione delle braccia che ben potea rappresentare u
» ancella di Dirce colle braccia atteggiate alla maraviglia ed allo spavento di v
» dere l' inatteso supplizio della sua padrona.

» Accolga, Signor Cavaliere, i sensi della mia solita stima ed amicizia. — F
» mato, Angiolo Solari ».

(1) Il Paganuzzi nella sua *Istoria e riflessioni sopra la mole scultoria vo
garmente denominata il Toro Farnese* a pagina 7, nell' ammirare le diverse pa
del nostro gruppo esclama . » Che si troverà a ridire della compassionevole Dirc
» atterrata, attaccata pe' capelli alle corna del toro in atto di schermirsi da' di l
» colpi ? » Noi al contrario che abbiamo sott' occhio lo stesso gruppo non vedia
che Dirce sia ligata pe' capelli alle corna del toro ; giacchè alle corna del quadr

oso piccolo Baccante assiso ad un greppo nella
irte anteriore estatici riguardano nella miseranda
ena , nel mentre che un cane latrando sta per
:agliarsi verso l'insolito tumulto di quel supplizio.

.irabile e felicemente espressa è l' attitudine di
mfione (1) che piantato con atletica fermezza af-
rra con la destra un corno del toro , e con la
aistra gli abbranca il muso in contrario senso ,
:l mentre che a rimpetto con pari gagliardia Zeto ,

de 'è legata la sola fune che Żeto stringe fra le mani, la quale va ad avvolgersi
' capelli della vittima acciuffati sull' occipite : ma siccome la fune è di moderno
tauro , ed i capelli con la testa di Dirce sono ancor essi moderni e molto distanti
lla testa del toro , così ci siam serviti dell' espressione , *pare che dovesse esser le-
ta pe' capelli alle corna del toro per mezzo di lunga fune* , tanto più che Igino
orda , come abbiam veduto di sopra , che Dirce fu legata al toro pe' capelli , e
n precisa in qual modo vi fosse stata avvinta : *Dircem ad taurum crinibus reli-
tam necant*. Fab. 8. ·

(1) La lira che vedesi poggiata al tronco di sostegno di questo atleta il ca-
tterizza per Amfione , ond' è che l' altro può dirsi senza tema di errare Zeto , es-
ido noto che le inclinazioni di questi due gemelli furono diverse , Zeto si diè alla
:a pastorale (al quale forse potrebbe appartener la siringa espressa nello scoglio ,
ppur non l' abbia colà sospesa il piccolo baccante che a quella è più vicino) , e Am-
ne coltivò la poesia e la musica. *Myron. Byzant. Poeta-Epimenid. apud Athenaeum*
7. È da leggersi tutto ciò che ha raccolto su di quest' opera il Ch. Heyne all' art.
da pagina 182 a 224 delle sue dissertazioni di Antichità , sebbene questo dotto
tiquario per non averla potuto osservare ocularmente abbia formato una troppo
:cola opinione del merito dell'arte di questo insigne monumento : e si legga pur-
,che quanto ne ha discorso il Muller nell'Handbuch §. 157 e 433 n. 3 , ed il
ganuzzi da noi di sopra citato.

afferrata la fune legata a cappio fra le corna e
la cervice, tira dall'opposto lato la testa del furibondo quadrupede, il quale eccitato da questo
contrario e potente moto s'innalbera, e l'infelice
vittima cade quasi supina: invano cerca la sventurata con la destra levata in alto ghermirsi dalle
zampe anteriori del toro che sono per ischiac-
ciarla, e con la sinistra si affida alla gamba di
Amfione, chè già già è per essere strascinata e
conquassata dal toro divenuto furibondo ed in-
domabile. E questo aggregato di contrarii affetti
ed opposte attitudini produce la più bella e piramidale composizione, e fa spiccare il saper profondo
de' valenti allievi di Menecrate; i quali compene-
trati dal dover esprimere due figli di Giove occupati a vendicar gli oltraggi e gli strazj sofferti dalla
di lòro genitrice elevarono in modo il loro lavoro
da corrispondere in tutte le parti alla importanza
del subietto che impresero a scolpire. Il toro infatti
impennato, Dirce quasi rovesciata, Amfione in un
piano un poco più elevato di quello su cui si pianta
Zeto, l'ancella stante, il piccolo Baccante assiso, e 'l
bracco che si slancia ove più ferve l'azione, mo-
strano già la sublimità de' concetti di que' famosi

tefici Tralliani per elegantemente aggruppare
loro composizione, arricchendola de'più mira-
li e spiccati contrapposti. Nè con minore ele-
tezza e discernimento espressero il valor sommo
,'figliuoli di Giove in quelle atletiche e straor-
narie movenze che diresti animate, tanto so-
, vivaci e pronunziate; la vaghezza del corpo di
irce, in quella naturale e bene aggiustata giacitura
lei; la forza, il moto e l'aizzamento del toro in
ie'muscoli turgidi, in quella coda vibratamente ri-
)lta sul dorso, ed in quella fierezza di aspetto che gli
inno tale espressione di vita che ti credi esser pre-
nte ad un toro furibondo e spumante di rabbiosa
iva. Da ultimo, la semplicità e scelta de'partiti
:lle pieghe delle clamidi di Amfione e di Zeto,
:lla prolissa tunica della supposta ancella, di quella
ie cinge dal mezzo in giù la miseranda Dirce,
cista mistica sorprendentemente lavorata e con-
sta di vimini, sono argomenti più che suffi-
enti a convincersi che tutto porta l'impronta
:llo stile della scultura che i dotti Archeologi as-
gnano a'tempi de'successori del gran Macedone,
mpi ne'quali dovettero fiorire Apollonio e Tau-
sco, non essendoci pervenuto alcun altro partico-

lare di questi due valorosi artefici di Tralli. E qui dopo di aver rilevato i pregi singolarissimi di questa straordinaria scultura, sembra che possano rimanere disingannati coloro che sostennero che *il nostro gruppo non offrendo gran bellezza nel suo lavoro non fusse quello ricordato da Plinio*; ond'è che ci contentiamo solo di deplorare tutto ciò che manca, immaginandolo al confronto di tutto ciò che ne rimane.

Ad indicare intanto sempre più il sapere di que' valorosi artefici, rileviamo che eglino per dimostrare che Dirce erasi portata sul Citerone a celebrare i Baccanali vi espressero dappresso il tirso e le ghirlande, e mirabilmente la cista mistica tessuta di vimini, e circondata di edera, dalla quale sembra uscita la grossa serpe, che parte si striscia sul suolo, e parte resta appiattata nella corteccia semistaccata dal tronco che sostiene il toro, a guardia forse di Dirce stessa protetta da Bacco che la cambiò in una fonte; alla quale metamorfosi sembra che abbian voluto alludere quegli artefici con un getto di acqua da pollare da un grande foro (1)

(1) È perfettamente circolare del diametro di circa tre decimi di palmo e profondo palmi tre circa, che trapassa tutta la spessezza della base. Ove questo foro non voglia

**

ιe vedesi praticatò al lato sinistro dell'indicato
onco: seppure non voglia dirsi che gli antichi
primendo, come è noto, con figure allegoriche i
ù sagri misteri e le più alte operazioni della na-
.ra, e nel senso mistico de' misteri dionisiaci spesso
lombrando la perpetuità de' seguaci di Bacco in
ccia alla stessa morte, quì Apollònio e Tauri-

egarsi per un getto d'acqua, potrebbe supporsi aver servito per bilicare l'in-
ʼa macchina e girarla a comodo degli artisti, ed a piacere degli osservatori,
pure per immettervi qualche pertica da sostenere un velario per servir di ten-
a questa bell'opera eseguita forse per essere collocata allo scoperto? E quì
facciam debito di riferire l'opinione dell'egregio nostro amico e collega ca-
lier Niccolini presidente dell'Accademia di Belle Arti, il quale nel mentre
noi si discuteva col professore Solari, col professore Mori ed altri ragguarde-
li intendenti fu d'avviso, che quel foro rotondo servisse ad una forte asta di
etallo, la quale in esso approfondita avesse congegnato un seggio a guisa di bi-
ιncia, nella quale star potesse seduto o in piedi l'artefice per lavorare agli ul-
ιni tocchi del gruppo, e quando egli avesse bisogno di osservare liberamente tutta
opera sua senza lo impedimento alla vista che sarebbe inevitabile facendo uso di
ιditi: tanto più che gli anditi non avrebbero affatto permesso di alzarsi ed ab-
ιssarsi prontamente a volontà, come ben s'intende che la congegnata bigoncia
ι quell'asta avrebbe potuto fare spiegandosi ancora e protraendosi in punti più
ιstanti per mezzo di ordegno al di sotto da spiegarsi e svilupparsi a somiglianza
ɛ' passetti misuratori. È pervenuto intanto a nostra notizia che l'erudito Signor
ancaldι nel suo lavoro che ha apparecchiato su questa meravigliosa mole marmo-
ɛa, nel dare una novella ed ingegnosa interpretazione del subietto in essa rap-
resentato, si occuperà di questo foro, e partitamente di tanti altri particolari che
lui non sembrano abbastanza sinora chiariti. Facciamo voti che presto comparisca
importante lavoro del Pancaldi, onde si abbia un complesso di quanto si è potuto
ιnora osservare su questo singolar monumento.

sco anch' essi iniziati ne'dionisiaci misteri abbian
posto in azione la lunga biscia sortita dalla cista
mistica, come simbolo dell'eternità, per dimostrare agl'iniziati, che sebbene Dirce venga posta
a morte, pure ella vive per le promesse da Bacco
fatte a'suoi seguaci nella fonte, adombrata da'zam-
pilli pollanti dal foro che quegli artefici praticaro-
no su questo incomparabile gruppo. Restava infine
ad esprimere il teatro ove ebbe luogo la tremenda
scena: quindi si avvisarono di rappresentar la base
artificiosamente dirupata e scoscesa, il che ad un
tempo presenta l'idea del Citerone e di un luogo
disastroso e più atto a quel dolentissimo supplizio.
Nè a caso sembrano scolpiti i bei bassorilievi intorno al plinto di questo gruppo, i quali pure abbiamo fatto disegnare ed incidere in tre compartimenti nella tavola VI. Ed incominciando dal primo
compartimento, che contiene quegli espressi nel destro lato, ammirabili sono i due cinghiali uscenti
dalla lor tana, una serpe che sbucando da un tronco
di albero viene abbrancata dall'artiglio di un'aquila,
un cane che corre, ed un piccolo falco che signo-
reggia sulla preda che rovesciata giace sul suolo:
nel lato posteriore, inciso nel secondo compartimento

·lla tavola, è vivacemente scolpito un orso che ab·
ιtte un toro, un caprone, una lumaca, una serpe,
ιa testuggine, un leone inferocito che già s'im-
ιdronisce di un cavallo e fieramente il morde
.l dorso: nel terzo finalmente, che comprende
ιegli sculti nel sinistro lato, sono espressi un
ιino ed un cervo che pascolano, e un leopardo
ιpiattato nella sua tana, senza determinata azione
nel semplice suo stato naturale. E diciamo che
ιn a caso ci sembrano qui scolpiti questi prege-
ιlissimi bassorilievi, poichè supponghiamo in essi
ιrettanti geroglifici che concorrer dovevano alla
ιiegazione della parte morale del subietto princi-
ιle, secondo i sentimenti che si volevano ispirare
ι que'sublimi artefici (1).

(1) Merita qui d'esser rammentata l'opinione del Signor Sanchez, il quale
vvisa in tutta la composizione di questo monumento un geroglifico astronomico,
è le rispettive posizioni, la elevazione ed il tramonto di quegli astri, che an-
ιciano la bella stagione dell'anno, quando la terra è ricca delle sue produzioni;
tiope, egli dice, di cui Giove s'invaghì, rappresentava la costellazione della ver-
e, Bacco che la punisce, il supplizio di Dirce, il toro ch'è una costellazione,
ιfione e Zeto che sono le due costellazioni della lira e di Orione, tutte queste
ole in somma non rappresentavano che parte del sistema mito-astronomico, e for-
ιano il linguaggio figurato prima scrittura de'popoli; e collo stesso sistema va
nostrando degli altri animali espressi intorno al plinto di questo monumento. Vedi
gran Musaico pompejano spiegato, e descrizione di altri capolavori di arti. Nali dalla Tipografia di Trani 1838.

Alla obiezione, che il nostro gruppo presenti più cose di quelle descritte da Plinio, prima di noi l'erudito Carlo Fea ha risposto brevemente, diffinendola » ben debole se si considera, che Plinio non » ha voluto descrivere minutamente quel gruppo, » ma darlo ad intendere col nominarne le parti prin- » cipali »: ma potrebbe ripigliarsi che la figura muliebre da noi caratterizzata per un' ancella potesse ben essere la figura di Antiope, come la interpetrò e risarci lo scultore Bianchi; ed in questo caso essendo pur essa principal parte del soggetto espresso nel gruppo, doveva esser menzionata da quello scrittore. E qui torna opportuna la osservazione che il restauro sia la cagione prima di tali dubbiezze, dappoichè quel ristauratore Milanese volle formar di questa figura, che venne fuori delle terme di Caracalla priva di quasi tutte le estremità, una Antiope col supplirvi la testa, le braccia, le mani, e aggiungendovi di più il nobile distintivo della lancia, senza riflettere che il sito ove è posta questa figura è il più ignobile del monumento, e come tale poteva per comodo dello aggiustamento della composizione allocarvisi una figura inserviente, e non mai destinarsi da que'sapienti artefici ad una delle

incipali figure del subietto ch'esprimevano, cioè
la disprezzata regina di Tebe madre de'due Atle-
, che alla presenza di lei compivano la più cruda
ndetta su di Dirce sua implacabile persecutrice.
1 il Muller (1) che si occupò di questo gruppo,
netrato dalla stranezza di ravvisarsi Antiope nella
gura muliebre stante, credette che in origine la
edesima non appartenne al gruppo: in quest'ul-
na parte però egli andò errato, giacchè la figura
uliebre sorge dallo stesso masso marmoreo, ed il
rofessore Solari che meco ne ha fatta la verifica
concorso nel mio divisamento, e ha dippiù sog-
unto che dallo andamento delle antibraccia una
titudine di meraviglia o di spavento possa desu-
iersi, attitudine molto convenevole ad un'ancella
ie è presente all'inaspettato supplizio della sua
gnora, anzi che quella datavi dal ristauratore
ianchi, per formarne un'Antiope.

Ed in quanto alla iscrizione che or si crede
nancante su questa scultura, osserviamo che Plinio
llorchè parla degl'importanti monumenti raccolti
a Asinio Pollione ricorda fra gli altri il presente

(1) Osservazioni sul gruppo conosciuto sotto il nome di Toro Farnese, in-
rite negli Annali dell'Istituto archeologico del 1840, pag. 287 e segg.

gruppo, esprimendosi: *Zeto e Amfione e Dirce
e il toro e un legame della medesima pietra,
opere di Apollonio e Taurisco trasportate da Rodi.
Questi diedero occasione di contesa su de' lor geni-
tori, protestando, che paresse Menecrate, ma il
naturale fosse Artemidoro* (1). Da questo passo non
si raccoglie che nel gruppo vi fosse una iscrizione
nella quale le riportate circostanze si trovassero
espresse : nè vale il dire che Plinio tali cose non
avrebbe potuto enumerare se non fossero couse-
gnate in una iscrizione ; dappoichè lo stesso scrittore nella pagina precedente avverte, che in Roma si era posta in dimenticanza una Venere di
maggior merito di quella di Prassitele in Guido,
avvenendo che per la grandezza delle opere che vi
sono, e per la gran quantità delle faccende, le persone vengono distolte dal considerare simili cose;
giacchè tale ammirazione è cosa da uomini che hanno ozio, e si trovano in luogo di gran silenzio; e per
questa cagione non si sapeva ancora l' artefice di
quella Venere, la quale Vespasiano dedicò tra le

(1) *Zethus et Amphion ac Dirce et taurus vinculumque ex eodem lapide,
Rhodo advecta opera Apollonii et Taurisci. Parentum ii certamen de se fecere,
Menecratem videri professi, sed esse naturalem Arthemidorum.* Plin. lib. 36,
cap. IV.

ere del suo tempio della Pace, ed era degna della
na degli antichi: e si dubitava parimente se nel
npio d'Apollo Sosiano Scopa o Prasitele fece la
.obe che muore insieme co' suoi figliuoli (1); e lo
'sso prosegue a raccontare di altri non pochi mo-
menti. Dal che risulta che le notizie riportate da
inio de' maestri di tanti monumenti, egli in gene-
le non le raccoglieva dalle iscrizioni che vi erano
)lpite; ma bensì dalla conoscenza che esso stesso
teva avere dei monumenti delle arti, e da quelle
e risultavano dalle osservazioni e discussioni dei
riti e conoscitori. Non avviene forse lo stesso a
)rni nostri per la conoscenza de' monumenti del
orgimento delle arti, de' quali son ricche le molte
stenti raccolte ? A forza di discussioni e traffico
 conoscenze e di paragoni si stabiliscono so-
nte e con quasi certezza i maestri di tante opere
e ci son pervenute d' incogniti autori. E sicco-
 a' tempi di Plinio si disputava tra periti e co-
scitori se il gruppo di Niobe co' figli era dello
rpello di Scopa o di Prassitele, così a giorni

(1) *Qua de causa ignoratur artifex ejus quoque Veneris, quam Vespasianus*
erator in operibus Pacis suae dicavit, antiquorum dignam fama. Par haesi-
) est in templo Apollinis Sosiani, Nioben cum liberis morientem Scopas an
xiteles fecerit: item etc. etc. Ibid.

nostri presso a poco si è disputato se il quadro
Papa Leone X (1) fosse del pennello di Raffael
o di Andrea.

Da tutte le riferite cose a noi sembra dim
strato esser questo l'insigne monumento scolpito
un sol masso da Apollonio e Taurisco celebrato
Plinio fra gl'importanti raccolti da Asinio Polli
ne; tanto più che non troviamo verosimile cl
un monumento così straordinariamente grande al
bia potuto esser copiato in Roma, per collocar
nelle terme di Caracalla, ove tanti capi lavo
esistevano di merito anche maggiore del nost
gruppo; il quale per le addotte osservazioni n
può appartenere al secolo di quello imperatore
in cui tutti sanno che le arti eran già inoltrate al
loro decadenza.

Giovambatista Finati.

(1) L'intelligente perspicacia dell'egregio testè da noi citato cavalier Niccol
Presidente della reale Accademia di belle arti, facendo tesoro de'lavori delle a
che professa e delle discussioni su questo dipinto, ha nello scorso anno dimostra
che il prezioso quadro serbato nella real Quadreria sia dipinto da Raffaello San
e non già da Andrea del Sarto, come i più supponevano. Vedi il volume X
di questa opera tavole XXXII a XXXIV.

**

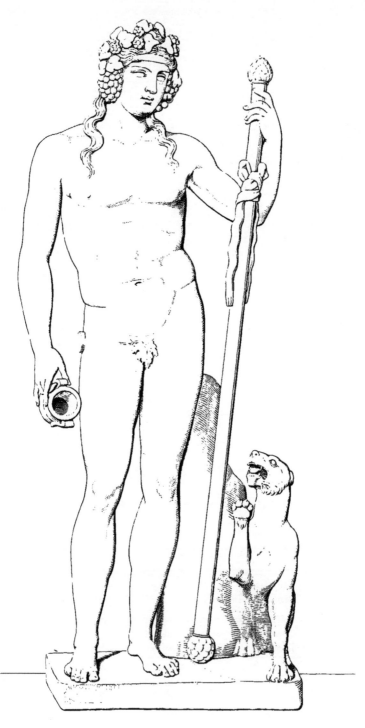

Ferd. Mori del. et sculp.   N. dinc.

Bacco — *Statua in marmo greco alla palmi sette
ritrovata a Salerno.*

Di Bacco abbiamo più volte parlato in quest'opera, e diversi monumenti che portan l'effigie di
questo nume abbiamo pur pubblicati ne' precedenti
volumi; ciò non pertanto non vogliamo defrau-
dare i nostri leggitori della conoscenza del bel simulacro che abbiamo sott'occhio, rinvenuto non
ha molto nelle vicinanze di Salerno, e dal nostro
munificentissimo Monarca acquistato appena che
glie ne venne fatta proposta dall'Eccellentissimo
Ministro degli affari interni cav. Santangelo, il
quale non lascia sfuggire alcun monumento che
possa arricchire il real Museo Borbonico, e perpe-
tuar le gloriose memorie delle nostre antiche regioni.

Nel più bel fiore dell'età è qui espresso il gio-
condo figliuol di Semele tutto nudo con corona di
edera con corimbi, dalla quale pendono sulle gote
due grossi grappoli di uva, nel mentre che due
lunghi cirri di capelli scappando da sotto alla corona stessa vengono mollemente serpeggiando a

ricadergli sul petto. Egli si appoggia con la sinistra elevata al suo vittato tirso, come stanco di aver sorbito il liquore dal nappo che sostiene con la sua destra abbassata. Al lato manco della figura una vivacissima tigre sta assisa e riguarda attentamente nel nume, alzando la sua gamba destra, quasi domandasse al suo signore di esser posta a parte del liquore che ancor suppone essere in quel nappo.

È osservabile in questo bel simulacro di buona scultura greco-romana quell'aria muliebre che si ravvisa nel suo volto, e massimamente negli omeri e nelle braccia, carattere (1) che la scultura dei buoni tempi di Grecia ha costantemente serbato nelle figure di Bacco, e che in questa statua non ispicca così chiaramente, forse perchè l'artefice non volle attenersi ad esemplari troppo noti a' tempi di Augusto in cui fioriva, o perchè non ebbe quello elevato sapere d'imprimere nel suo lavoro tanta carnosità e morbidezza da dare del muliebre a tutte le parti della sua statua, senza alterare il complesso delle forme virili della figura. Del resto que-

---

(1) Bacco era riputato dagli antichi una ragazza fra' giovanetti. V. Aristide in Bacco, e le nostre osservazioni sul gruppo pompejano di Bacco ed Ampelo in bronzo al volume III, tavola IX di quest'opera e la spiegazione della tavola XLVII del precedente volume di questa stess'opera.

sta bella statua può senza gran tema di errare annoverarsi fra le più importanti statue di secondo ordine di scultura greco-romana.

Giovambatista Finati.

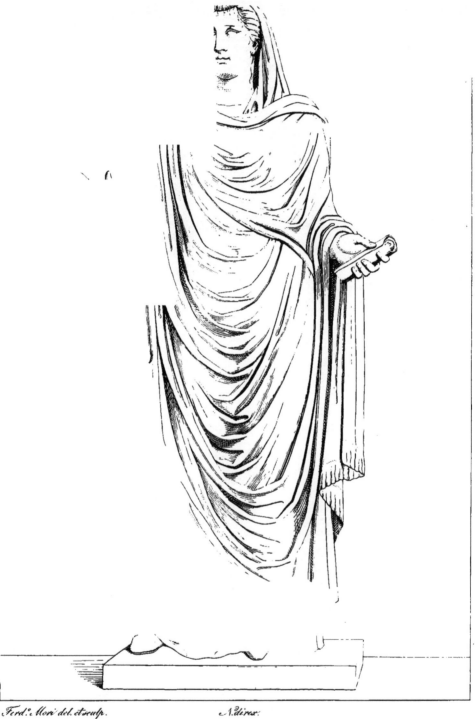

Ferd.º Mori del. et sculp.   N.ºdirex.

Supposta Sibilla — *Statua velata in marmo gre-chetto alta palmi sette e mezzo proveniente dalla Casa Farnese.*

Non è da rivocarsi in dubbio che in diversi paesi ed in secoli diversi siasi generalmente creduto alla esistenza delle Sibille. Gli antichi scrittori lungi dal promuover dubbiezza ne confermano la esistenza col disconvenire sul loro numero (1). Platone ne riconosce una sola, ed i suoi seguaci una ne riconoscono in Eritrea nella Ionia. Solino ed Ausonio ne ricordano tre *l'Eritrea, la Sardica, e la Cumea*; Eliano ne enumera quattro (2); Varrone con molti altri ne conta dieci (3), l'ultima delle quali chiamata *Albunea*, e perchè era di Tivoli la dissero ancora *Tiburtina*. Nè può dubitarsi della

---

(1) Anche i primitivi Padri della Chiesa affermano l'esistenza delle Sibille. Ma avranno esse realmente profetizzato? In qual modo ottennero il dono del consiglio divino? Son dubbj questi da meritare altro lavoro più severo dell'indole di quest'opera. Varrone *apud Lactant. l. 1. c. 6.* e Aug. *De Civit. Dei l. 18, c. 25.*

(2) E sono *l'Eritrea, la Sardica, l'Egizia, e la Samia.* Aelian. *Var. Hist. lib. 12. c. 35.*

(3) Vedi Onofrio Panvinio nel suo trattato *De Sibyllis.*

esistenza delle loro predizioni, la di cui raccolta denominata de' libri sibillini serbavasi con tanta cura
in Roma che ne venne affidata la custodia ora a due,
quindi a dieci, e poscia a quindici magistrati. Non
sarebbe quindi da far le meraviglie che alle Sibille
autrici di quelle predizioni e di que' libri fossero
state delle statue erette : tanto più ch' è fama di
essersi rinvenuta in Tivoli la statua della Sibilla
Tiburtina reggendo fra le mani il libro forse de'
suoi vaticini; dal che potrebbe inferirsi non essere inverosimile che la nostra statua una ispirata
Sibilla ne presentasse, se come la Tiburtina avesse
un libro fra le mani, o altro caratteristico attributo : ma ne duole che la nostra statua per quanto
bella e sufficientemente conservata nella massima
parte della sua figura, altrettanto sia priva di libro
o di altro convenevole attributo, essendo le mani
e le braccia supplemento ardito di libero ristauratore, il quale si avvisò formare a suo talento una
di quelle fatidiche donne facendole stringere nella
sinistra un avvolto papiro, ed atteggiandole la destra
al gesto, col quale sembra accompagnare il suo dire.
È vero che l'aspetto dignitoso e severo, ed il modo
con che è panneggiata danno a tutta la figura un por-

tamento grave ed imponente da risvegliare la idea,
che per essa si rappresenti una donna ad ufizi divini destinata ; ma tutto ciò a noi non sembra
sufficiente per riconoscervi una delle Sibille, delle
quali, all' eccezione della statua Tiburtina, non è
a nostra notizia di essersi rinvenuti altri simulacri.
È però che ci limitiamo a darne la descrizione.

È dessa in piedi in atto di accompagnar col
gesto la sua parola. Un grandioso manto dalla
sommità del capo scende ad inviluppare tutta la
persona che al di sotto è panneggiata di prolissa
tunica talare, della quale tanto ne rimane scoverta
quanto l' atteggiamento delle braccia alquanto elevate ritira in su del grandioso manto. E questa
attitudine produce il più bel partito di pieghe del
nostro simulacro, e massimamente di quelle che
sono al prospetto e delle altre che ricadono dalle
braccia. Il lungo cirro rivolto sulla fronte dà un'
aria bizzarra alla testa poco conveniente però ad
un' acconciatura di persona a cose sacre destinata.
I suoi piedi sono rivestiti di calceamenti, le braccia e le mani col papiro involto sono moderne aggiunzioni che non raggiungono il merito di questa
bella scultura greco-romana.

Giovambatista Finati.

**

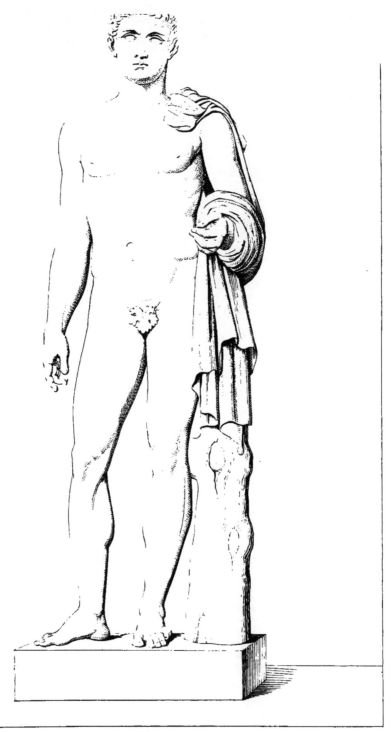

PRETESO PADRE DI TRAJANO -- *Statua in marmo Pentelico alta palmi sette.*

Pोche notizie ci han tramandato gli storici di Trajano, padre dell'ottimo ed illustre Imperadore di questo nome: altro non si raccoglie di particolare sul di lui conto, ch'egli era spagnuolo, abile guerriero, dedito a servire con distinzione l'imperio, dal quale fu rimeritato, fatto console, ed ammesso agli onori del trionfo. Plinio il giovine nel suo panegirico a Trajano, nel parlare dell'adozione che di lui fece Nerva, ci fa sapere che era *nato di patrizio e consolare e trionfal genitore* (1). E sebbene Eutropio dica che il padre di Trajano era di famiglia più antica che distinta, tuttavia Lipsio osserva che il *patriziato* dovette essergli conferito da Vespasiano, allorchè questo Imperadore varie famiglie elevò a quel nobile grado. E poichè da' fasti consolari non appare ch'egli fosse stato console, lo stesso Lipsio suppone che sia restato confuso nel numero de' consoli surrogati, dei

(1) *Patricio, et consulari, et triumphali patre genitum.....* Cap. IX.

quali precise notizie a noi non son pervenute. L'insigne suo figliuolo intanto con l'avanzarsi dell'età divenne così celebre ed abile soldato sotto gl'insegnamenti del genitore, ch' essendo ancor giovinetto, come lo stesso Plinio afferma (1), accrebbe la gloria del padre con partico alloro: e si può dire dippiù che il padre in compagnia del figlio abbia al tempo di Nerone e sotto il reggimento di Corbulone militato nella guerra co' Parti, e meritatovi i trionfali onori, seppur non gli abbia meritati nella guerra giudaica sotto Tito. Rarissime sono le medaglie con la sua effigie; una se ne conosce in oro, ed un'altra in argento che presentano insieme le due teste di Trajano Imperadore e di lui, alle quali in qualche modo somiglia il volto della nostra statua. Ma poichè la testa di questo simulacro, sebbene di antica scultura romana, non appartiene al rimanente della figura; ed osservandosi che il movimento di questa statua somiglia molto a quello dell'Achille che serbasi nella villa Pinciana, ne risulta, che forse quella testa abbia potuto in origine appartenere a qualche statua o busto del pa-

(1) *Quum puer admodum , parthica lauro gloriam patris augeres* . . . .
Cap. XIV.

dre di Trajano, e che la statua priva di testa appartenga a qualche eroe molto più antico di quello spagnuolo guerriero, e che il solo talento del ristauratore ne abbia formato l'intero simulacro che abbiamo sott'occhio. È desso poggiato con la gamba manca ad un tronco di albero, e non ha altro panneggio, salvo il paludamento, che scendendo da sopra la spalla sinistra va ad involgersi nel braccio dello stesso lato. La testa, come si è detto, è antica, ma modernamente riportata. Le gambe parimenti sono antiche, ma ritoccate dallo stesso scarpello che ha immaginato l'innesto di questa bella scultura romana.

Giovambatista Finati.

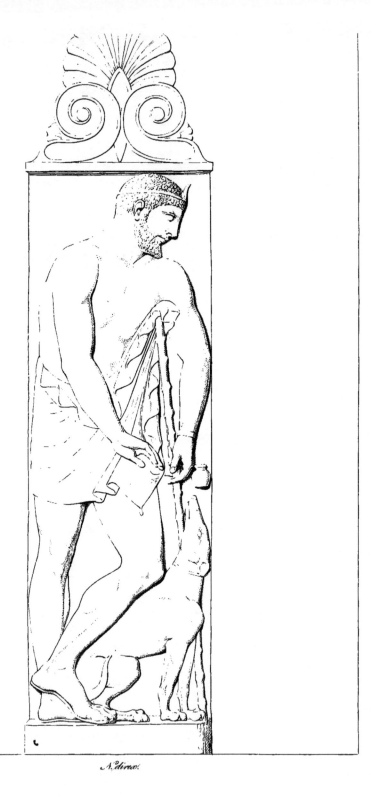

Supposto Ulisse — *Bassorilievo in marmo greco alto palmi otto e mezzo, per palmi due e mezzo, proveniente dal Museo Borgiano.*

Tra i più importanti bassorilievi del Real Museo Borbonico è certamente quello che qui pubblichiamo inciso nella tavola X. Presenta un uomo barbuto, cinto il capo di diadema che regge nel mezzo della fronte un' aletta o altro oggetto che non bene può diffinirsi. Egli è tutto nudo, se non che il cinge a mezza vita un leggiero grembiale, di cui un lembo è rivolto sul bastone, al quale, incurvandosi al davanti, poggia la sua ascella sinistra, e fisamente riguarda in un oggetto sottoposto ai suoi sguardi, oggetto che attualmente non si vede nel marmo. A suoi piedi sta un cane assiso sulle gambe posteriori in attitudine di mirar con attenzione il suo padrone. È molto osservabile una piccola correggia avvolta al polso sinistro, ed alla quale sembra che fosse raccomandata un' ampollina sferoidale con collo stretto e bocca larga, simile agli unguentari di vetro o di argilla oppur di bronzo che serbansi nelle collezioni del Real Museo ed altrove. Lo stile della scultura è arcaico di ottima maniera, altravolta confuso con lo stile italico antico detto etrusco; di modo che dopo le scoperte delle statue di Egina, e di tanti altri studî fatti su tali monumenti, altra via non resta agli antiquarî per distinguere i monumenti greci antichi dagli etruschi, che la qualità de' marmi in che sono sculti e le forme de' volti delle figure. Nelle opere italiche il marmo è delle cave d' Italia (1)

(1) L' antichità delle cave. di Luna, una delle dodici capitali degli Etruschi, è stata molto disputata per la inesatta interpetrazione di un passo di Plinio, il quale scrivendo verso la metà del primo secolo della nostra era le dice poc' anzi scoperte· *lib. 36 cap. 5 sez. 4 num. 2:* al qual proposito con molta erudita critica osserva l' annotatore della storia delle arti del sommo Winckelmann, che quello storico dice che *nuper, poc'anzi,* si era ritrovato in esse un' altra qualità di marmo più bianco di quello vi si cavava prima, esprimendosi così : » *Omnes autem tantum candido marmore usi sunt e Paro insula, quem lapidem coepere lychnitem appellare, quoniam ad lucernas in cuniculis caederetur, ut auctor est Varro, multis postea candidioribus repertis, nuper etiam in Lunensium lapicidinis* ». Ed al *35 cap. 6 sez. 7* dice che Mamurra, nobile romano che viveva ai tempi di Giulio Cesare, fu il primo che facesse le colonne del suo palagio tutte di un pezzo, alcune di marmo caristio, ed alcune altre di marmo lunense; senza dire che sia stato il primo a trarre marmi da Luna; ma che sia stato il primo ad ornare la sua casa di colonne del marmo caristio e del lunense, supponendo che nell' uno e nell' altro luogo vi esistessero precedentemente le cave. Vedi il nostro terzo tomo delle descrizioni del Real Museo Borbonico alla prefazione de' monumenti etruschi, oschi, volschi e greci antichi. Napoli 1823.

ed i volti sono di fattezze e forme nazionali, senza grande scelta o premura dell' ideale; laddove
nelle opere greche costantemente il marmo è
delle cave di Grecia, ed i volti delle figure sono
di forme scelte, ed al più delle volte ideali e sublimi. Tale per l' appunto si offre il nostro bassorilievo : il marmo è di Grecia, chiamato dagli
artisti *marmo greco a specchioni* ; le forme del
volto di un' accurata sceltezza e per conseguenza
ideali e tendenti al sublime; e qui caratteristiche
sono dello illustre personaggio che esprimono,
iscorgendosi la fronte cinta del diadema, ordinaria
insegna de' monarchi dell' antichità. Allorchè pervenne dalla collezione Borgiana, vi fu ravvisato
Ulisse di ritorno in patria sotto mentite spoglie
di povero, e riconosciuto dal cane : questa divinazione però incontrò ostacoli ne' particolari del monumento, e si credè più verisimilmente che per
esso si esprimesse un semplice cacciatore. Il vedersi intanto questa bella figura scolpita in una
lastra di marmo con dado sopra e sotto ed in cima un gran fogliame, ci ha fatto supporre che facesse parte di una più grande composizione di
qualche magnifico monumento sepolcrale. E que-

sta nostra supposizione si è molto avvicinata al vero, essendosi saputo da buona fonte che nell'Asia minore fu ritrovato un diruto monumento sepolcrale con avanzi di greche iscrizioni, al quale apparteneva un bassorilievo compagno in tutto al nostro, esprimendo voltata a dritta una bellissima figura dello stesso antico stile e nello stesso atteggiamento, tenendo al dippiù nella mano un vaso di bronzo, la cui metà era nel masso incastrata. E siamo stati pure informati che il nostro bassorilievo apparteneva allo stesso monumento asiatico, ed amendue facevan parte del frontone di quella tomba, nel quale era sculto un sepolcro posto fra la nostra figura e la compagna, e che amendue sono nello atteggiamento di eseguire una libazione su quel sepolcro per placare gli Dei infernali. Le quali cose tutte combinano a meraviglia coll'attitudine della nostra figura rivolta a sinistra e collo sguardo fisso verso il sepolcro, che doveva esser frapposto fra essa e l'altra figura volta a dritta, espressa nel bassorilievo compagno; tanto più che tutta la persona e la mano che doveva versare il liquore sono atteggiate secondo il rito religioso per le libazioni alle divinità infer-

nali, siccome spesso spesso s'incontra ne' sugget
funebri espressi ne' vasi italo-greci, e non di rad
in altri monumenti dell' antichità figurata.

Giovambatista Finati.

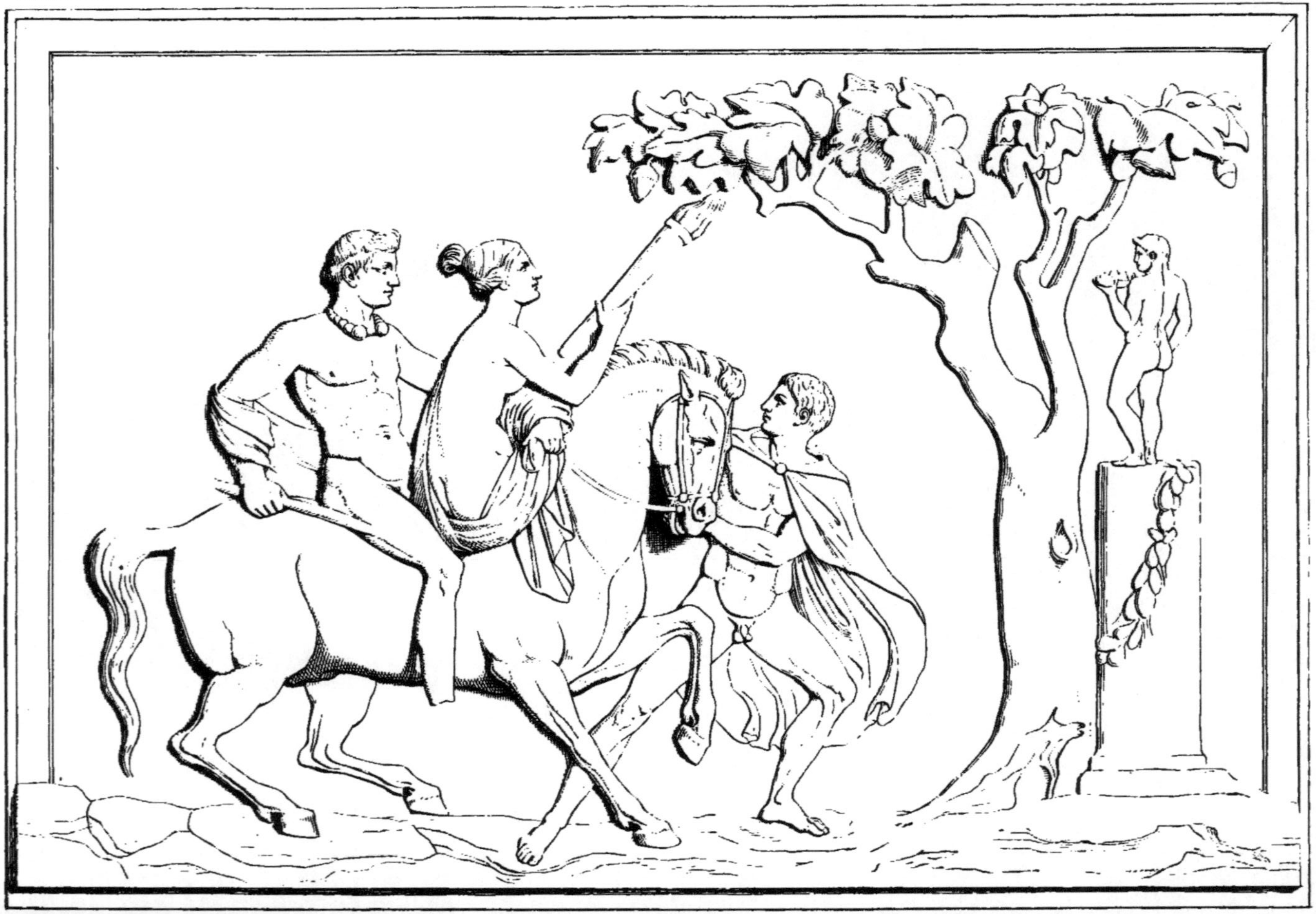

BASSORILIEVO *in marmo lunense.*

SORGE nel campo robusta quercia carica di ghiande, che ombreggia co' suoi frondosi rami liscia colonna adorna di un festone, con suvi un simulacro tenente nella sinistra mano un bacino ripieno, ho detto quasi, di frutta. Muove a questa volta un destriero su cui cavalca un uomo, e siede una donna dal medesimo sorretta, intanto che un clamidato pedone, prendendo per la briglia quell'animale, cerca, come pare, appressarlo alla statua. Bella è la maniera come sono aggruppate le figure, bello il modo come son trattate le pieghe del manto in che è avviluppata in parte la donna, graziosa eziandio la movenza con che costei stringe una fiaccola, e specioso il contrasto che fanno le tenere sue carni con le vigorose del compagno; ma difficile cosa riesce il determinare l'argomento di questa scultura. Certo è per altro che costoro vengano a sacrificare alla divinità posta su la colonna, e ciò facciano di notte. Ma qual è il nume che si merita sì fatto onore. È egli un Silvano? è egli un Vertunno? è egli un

Priapo? Nol possiamo decidere; poichè quel bacino, o che altro siasi, ripieno di frutta, a tutti e tre questi personaggi si converrebbe e soprattutto al Dio di Lampsaco, il nome del quale piacque a taluni derivare dal semitico פריאב *(peri-ab) padre de'frutti.* Laonde se nel nostro simulacro potessimo quest'ultimo nume riscontrare, memori che nude solevano le donne offrirgli de' sacrifizî (1), diremmo esser questo bassorilievo un marmo votivo dedicato a colui,che di fecondità era dispensatore. E quando sapremo che il marmo fu trovato nelle rovine di Capri, saremmo tentati di credervi rappresentato quel lascivo tiranno che vi dimorò tredici anni, dir vogliamo Tiberio, con qualcuna delle sue predilette amiche (2).

Bernardo Quaranta.

---

(1) Caylus III, 5o, 3. Bracci I, tav. agg. 22 I. M. Flor. I, 95, 4-8.
(2) Vedi la nostra opera *Le antiche Ruine di Capri illustrate* pag. 12.

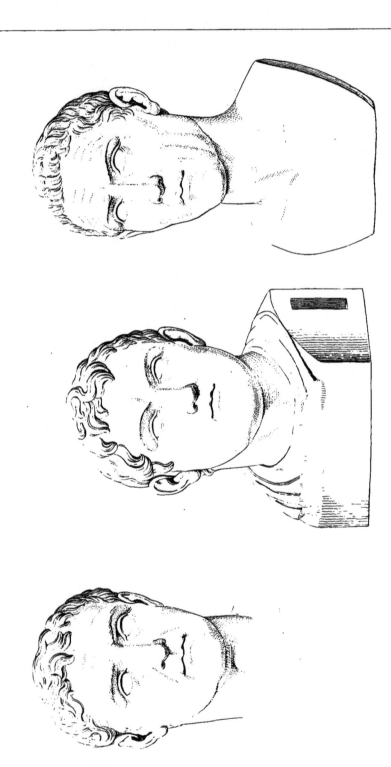

Supposti L. Cornelio Lentulo – Attilio Regolo – Cicerone – *Mezzi busti: il primo in marmo di Luni alto palmi due proveniente dalla Casa Farnese: il secondo in marmo grechetto alto pal. uno e mezzo, ed il terzo in marmo statuario alto pal. due e mezzo provengono da Ercolano.*

I ritratti di tre celebri uomini della romana Repubblica si vorrebbero espressi per le tre teste che pubblichiamo in questa tavola XII. Di Lentulo e di Regolo, che sono i due posti a sinistra del riguardante, le denominazioni trovano un certo appoggio in due quasi simili ritratti riportati dal Gronovio: non così del terzo, attribuito all'illustre Arpinate, col quale non sembra aver molta somiglianza; soprattutto se si confronti colle immagini più comunemente attribuite a questo sommo oratore e filosofo.

Il celebre Lentulo della famiglia Cornelia, e parente di Silla e di Cinna, è imberbe secondo il costume del suo secolo: i suoi lineamenti si addicono ad uomo cupo, pensante ed ambizioso: ed il carattere della scultura conviene al tempo de' Cornelii; se le sembianze non presentano il ritratto di quel capo della congiura di Catilina, appartiene certamente a qualche altro celebre personaggio dell'ultimo secolo della Repubblica romana.

L'imperterrito Regolo sarebbe qui espresso con la testa che gira alquanto a sinistra e con alcune pieghe di toga sull'omero opposto: i suoi lineamenti sono placidi e senza alcun tratto della espressione che dovrebbe essere impressa nella fisonomia di quell'acre repubblicano ed imperterrito vincitore di armate e di mostri, che dalla storia in Attilio ci vien presentata, abbenchè non sempre il volto sia indizio delle grandi passioni dell'animo.

Per ciò che riguarda l'ultimo busto a dritta del riguardante di questa tavola, e che si attribuisce senza alcun fondamento a Cicerone, diciamo che questo marmo che in origine presentava il ritratto forse di un console, nel ristaurársi il naso di cui era mancante, e nel risarcirsi qualche oltraggio del tempo, fu ritoccato nella massima parte; ond'è che ora non si può neppure diffinire l'epoca della sua scultura, abbenchè nell'insieme palesi il buon tempo delle arti di Roma.

Giovambatista Finali.

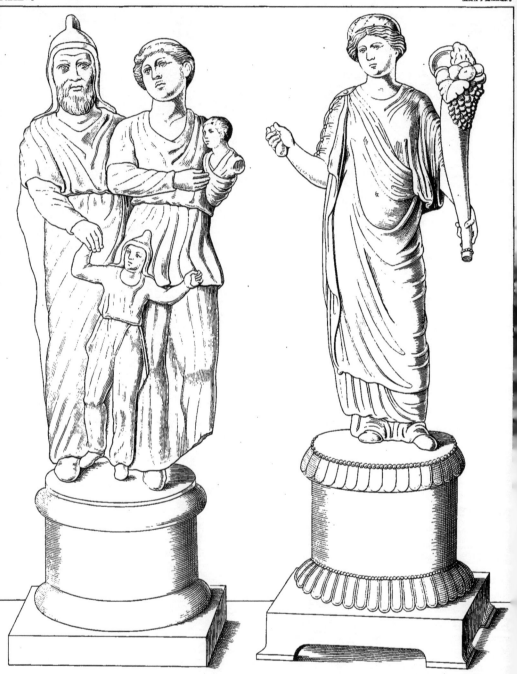

lvatore Romanelli del.   N.Hirax.   Ru,¶ Estevan sculp

Supposto Enea con la famiglia. *Bassorilievo --*
Nobile Romana con gli attributi dell' Abbondanza. *Statuetta — Piccoli bronzi, ap-*
partenente il primo alla collezione Borgiana,
il secondo agli scavi di Pompei.

Son note le sventure che precedettero e seguirono
l' ultima notte di Troja, e pur nota e conta è la
pietà di Enea tanto celebrata in quello eccidio dal
cantor Mantovano; e se il monumento che abbiamo sott' occhio, inciso a sinistra del riguardante
di questa tavola **XIII**, fosse accompagnato da altra
figura che manca, avremmo forse presentato ai
nostri leggitori quello eroe che si pone in salva-
mcuto (1) con la sua famiglia dal supremo esterminio della sua patria: imperciocchè il vedersi in

---

(1) La salvezza di Enea e della sua famiglia viene attribuita dagli storici e dai
poeti latini alla pietà di lui, osservando che nel mentre i Trojani campavan dalle
mani de' vincitori trasportando ciascuno le più preziose ricchezze, Enea fu visto
carico del padre e de' Penati, *Virg. Aeneid. l. 2. Ovid. Fast. l. 4. Propert. l. 4.*
Eleg. I. ed altri molti. I più antichi però affermano ch' egli pose in salvamento
la sua famiglia ed i suoi beni per aver dato di concerto con Antenore la patria nelle mani de' Greci, i quali per impedire che fossero oltraggiate le loro

questo bronzo un uomo pileato vestito alla Frigia
che conduce per mano un fanciullo anche nel costume frigio vestito , ed accompagna una dignitosa
matrona , che gli è a manca imbracciandò a sinistra
un bustino di bambolo , ha fatto sospettare che in
questo monumento potesse raffigurarsi Enea nel-
l'uomo pileato , il piccolo Ascanio o Giulo nel fanciullo , Creusa che trasporta un Penate nella donna
che imbraccia il bustino di bambolo ; e spinge a ricercare con premura se mai fossevi indizio di altra
figura dal tempo distrutta per riconoscervi Anchise , che non potrebbe essere in verun caso scompagnato da questa scena. Le quali considerazioni

---

famiglie , e distrutta cosa che ad essi apparteneva, posero una sentinella a' palazzi
di Enea e di Antenore. Vedi *Ditti Cret. lib. 5.* e *Daret. Frig. lib. 6.* E Servio
ricorda al *lib. 1. dell' En.* che Antenore ed Enea tradirono la loro patria , secondo
i detti di Livio *Antenor et Aeneas (teste Livio) patriam prodidisse dicuntur:*
sebbene conchiuda che Antenore ed Enea furono risparmiati da' Greci perchè si
dichiararono contro Paride ed opinarono per la pace. Ma ciò che molto rileva in
questa ricerca si è che Dionigi di Alicarnasso , benchè scrivesse sotto gli occhi di
Augusto che gloriavasi discendere da Enea , parlò di questo tradimento ; del
quale nè anche tacque Strabone , per averne raccolto i particolari da un antico
autore. Vedi *Dion. Alicar. lib. 1. c. 11. Strab. lib. 13.* Che che sia di queste
diverse tradizioni , sembra presso che certo che Priamo non amava Enea , e che
questo principe odiava Priamo. Omero il ricorda nella Iliade al *lib. 13*, e tutti gli
altri poeti e storici greci non disconvengono punto della scambievole disistima di
questi due parenti.

ci hanno obbligato ad esaminare accuratamente
questo bronzo di getto non molto spesso, e che
sembra aver fatto parte di qualche ornamento di
mobile; e dopo le più minute ricerche non abbiamo
ravvisato alcun indizio da poter richiamar l'idea
di esservi stata in origine altra figura; il che ha
fatto dileguare il sospetto che dapprima si era
concepito, e ci ha indotto anzi a riflettere che, appartenendo questo monumento alla decadenza delle
arti, doveano essere ben noti a quell'epoca i particolari della fuga di Enea con la famiglia, ricordati o immaginati dall'autore dell'Eneide. Quivi
il poeta chiaramente racconta che i Penati con le
sacre cose furon destinate ad esser trasportate da
Anchise (1); quindi mal si troverebbe qui un Penate fra le braccia di Creusa. Prosegue di più lo
stesso autore a narrare che Enea prescrisse alla
consorte di seguir da lungi i suoi passi (2); e qui
Creusa mal sarebbe col marito e col figlio aggrup-
pata. Da ultimo in questo bassorilievo non si ritrova il figliuol di Venere ricoperto negli abiti da
vellosa pelle di leone còme il descrive il poeta

(1) *Tu genitor cape sacra manu, patriosque Penates. Aeneid. l. 2, v. 717.*
(2) *.... et longe servet vestigia conjux. Ib. v. 711.* e più sotto al *v. 725.*

latino (1), ma bensì vestito di frigia tunica e pileo
viatorio in testa; e ciò che maggiormente rileva si
è che la dignitosa barba, onde è qui decorato il
frigio viaggiatore mal si addirebbe allo eroe trojano.
Laonde sembra che per questo importante bassorilievo altro subietto siasi voluto esprimere, il quale
non è molto facile a potersi divinare, se ne togli
l'insieme della composizione che una famiglia di
distinzione par ne presenti, soprattutto per la particolarità che si osserva in quella specie di diadema che fregia la testa della dignitosa matrona.

Nell'altro bronzo inciso, a dritta del riguardante, è espressa una figura muliebre vestita di
lunga tunica con corte maniche, ricoperta da un
manto affibbiato all'omero dritto con cornucopia
nella sinistra ed altro oggetto difficile a diffinirsi
nella dritta. Ha una sfendone reticolata in testa
ed i calzari a' piedi. L'attitudine è molto nobile,
pregevole è il partito delle pieghe, sufficiente la
sua conservazione. Ordinariamente l'Abbondanza

(1) . . . latos humeros, subjectaque colla
Veste super, fulvaque insternor pelle leonis:
Succedoque oneri: dextrae se parvus Julus
Implicuit, sequiturque patrem non passibus aequis.
Pone subit conjux. ferimur per opaca locorum. Ib. 721. e segg.

si ritrova in quasi che simili fogge rappresentata ; se non che il vedersi qui il volto privo affatto di quel bello ideale non mai scompagnato dal sembiante delle divinità , la testa ornata di sfendone o altro acconciamento reticolato , ed i piedi calzati, ci fa portar giudizio che per questa figurina si presenti il ritratto di qualche distinta romana sotto le forme e gli attributi dell' Abbondanza, allusioni molto ovvie nel tempo del romano imperio , come nel corso di questa opera abbiamo molte volte osservato.

Giovambatista Finati.

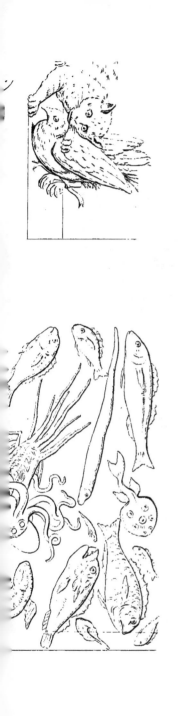

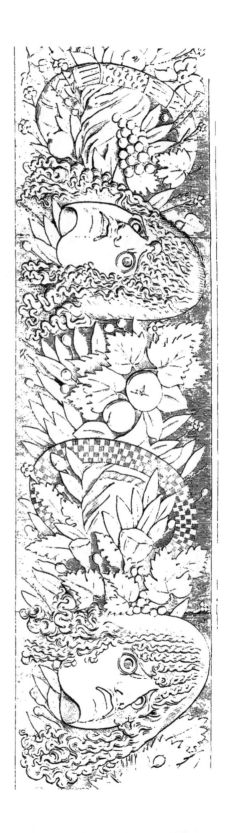

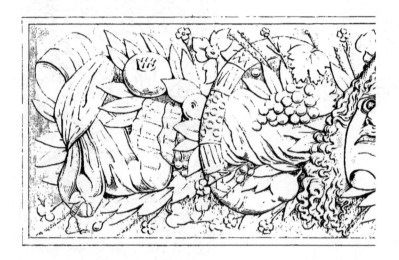

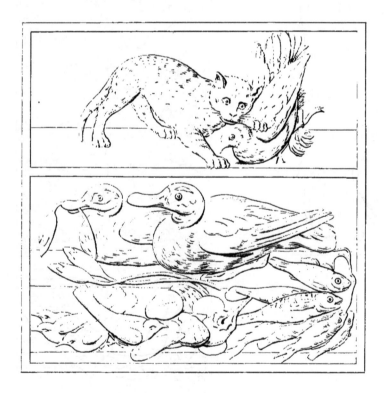

Quattro Musaici.

Siccome le mura de' tempi, de' portici e delle case vedevansi presso gli antichi adorne di pitture o su tavole o sopra intonaco, siccome dipinte erano eziandio le loro soffitte; così anche le soglie abbisognavano di un abbellimento che col resto dell' edifizio le armonizzasse, e che nel tempo medesimo non soffrisse dal continuato calpestio verun danno. E ciò si ottenne con ricoprire il pavimento di petruzze a variati colori, le quali essendo connesse insieme rappresentavano le figure come a pennelli, e pittura marmorea ben nomar si potevano. Siffatte petruzze chiamavansi ψηφοι, αβακισκοι (*psephoi, abaciscoi*) da' Greci, *tesserae* ed *emblemata* da' Latini, e chi le disponeva, perchè esprimessero delle figure, ψηφοθετης (*psephothetes*), come leggesi in una iscrizione recata dal Boeck (1). Dalla quale si trae quanto bene il lavoro istesso chiamato fosse ψηφοθετημα, ψηφολογημα, ψηφολογητον εδαφος, δαπεδον εν αβακισκοις (*psephothetema, psephologema, pse-*

(1) C. I. n. 2025.

*phologeton edaphos, dapedon en abaciscois), pa-
vimentum, opus tessellatum,* nelle Glosse di Filos-
seno *vermiculatum,* o solamente *emblema* in Varrone (1), e *pictum de musivo* presso Sparziano (2),
e più tardi ancora *musivum, masiocum, mosi-
bium, museum,* e *museacum,* intorno a che si
meritano tutta l'attenzione le disputazioni etimo-
logiche del Ciampini (3), dello Scaligero (4), del
Ferrario (5), e dello Sponio (6), e dell'anonimo citato
dallo Schelborn (7).

Inventori di opera siffatta furono gli Egizi,
maestri della civiltà e delle arti a tutto il mondo (8);
e da essi imparatala i Greci vi sfoggiarono ogni
maniera d'ingegno. E già nel tempio di Giove in
Olimpia vedevasi un connesso di fluviatili sassolini,
che rappresentavano un Tritone sulla cui coda
sedeva leggiadrissimo Amorino.

(1) R. R. 3, 24. Cicerone *de Or.* 3, 43, Plinio 36, 25, 60-64.
(2) *Pescen.* 6.
(3) *De pict.* I. cap. 8.
(4) Nelle note a Manilio I, 5.
(5) *Fer. Epist.* etc.
(6) Dissert. II, c. 4.
(7) *Amoenit. Litt.* V, §. 7.
(8) Champollion Figeac, *Egypte* p. 200.

Di siffatti musaici gran copia se ne trova in Pompei, e quivi per punto furono disotterrati quelli che diamo in questa tavola. Il primo presenta due maschere tragiche in mezzo a corone, tenie, e frutta di ogni maniera composte in bellissimo ordine. Mostra il secondo in un ripartimento un gatto che arraffa una pollastra, nell'altro anitre, pesci, conchiglie ed uccelli. Il terzo anche pesci con una conchiglia, un polpo ed una locusta marina, cinto come di cornice da bellissimo ornato di fiori. Il quarto finalmente un'arpia la quale par che voglia artigliare un uccello, che le vola innanzi. Ella stringe nella destra una brocca, e colla sinistra sostiene in testa un canestro con suvi cose che non bene puoi discernere. La segue a volo grazioso Amorino il quale par che porti una specie di piccola ara.

Bernardo Quaranta

**

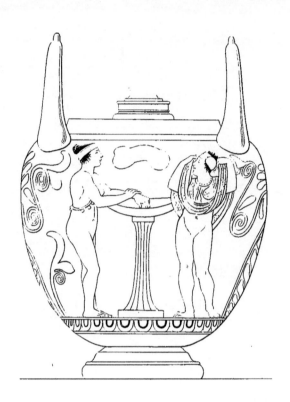

URNETTA ITALO-GRECA — *Vaso fittile alto 66 centesimi di palmo per mezzo palmo di diametro.*

QUESTA pregevole urna a due manichi verticali, e con coperchio prominente nel mezzo a guisa di un unguentario (1), ha dall' un aspetto e dall' altro un grazioso dipinto di due figure. In quello del principale aspetto sono espressi fra una colonna ionica ed un pilastrino un tibicine, ed un citarista. Il primo, che sta presso della colonna assiso ad un greppo coperto del suo manto, è in atto di dar fiato alle tibie: il secondo, che sta in piedi presso del pilastrino, vi poggia la sua cetra in atto di toccarne con la sinistra le corde: quegli è tutto nudo nella persona, se non che un lembo del suo manto, che ha gettato sul greppo, gli ricopre parte della sinistra coscia: questi ha un manto posto quasi ad

---

(1) Le urne di simil forma sono molto ovvie: i di loro coverchi, per comodo di poterli agevolmente prendere, terminano sempre o con un vasetto, o con un balsamario, o pur con un uccello, secondo noi, simbolici dell'uso cui era l'urna destinata. Il nostro, terminante in un unguentario, ha forse analogia all'unguento di cui questa urna doveva essere aspersa, o agli oggetti che in essa eran contenuti.

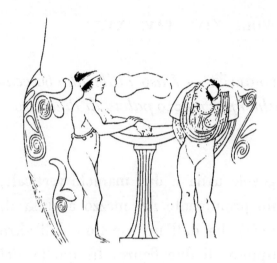

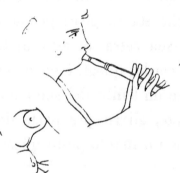

itore Romanelli del.   N. diree.   R. M Esteran sculp.

VOL. XIV. TAV. XV.

Urnetta italo-greca — *Vaso fittile alto 66 centesimi di palmo per mezzo palmo di diametro.*

Questa pregevole urna a due manichi verticali, e con coperchio prominente nel mezzo a guisa di un unguentario (1), ha dall'un aspetto e dall'altro un grazioso dipinto di due figure. In quello del principale aspetto sono espressi fra una colonna ionica ed un pilastrino un tibicine, ed un citarista. Il primo, che sta presso della colonna assiso ad un greppo coperto del suo manto, è in atto di dar fiato alle tibie: il secondo, che sta in piedi presso del pilastrino, vi poggia la sua cetra in atto di toccarne con la sinistra le corde: quegli è tutto nudo nella persona, se non che un lembo del suo manto, che ha gettato sul greppo, gli ricopre parte della sinistra coscia: questi ha un manto posto quasi ad

---

(1) Le urne di simil forma sono molto ovvie: i di loro coverchi, per comodo di poterli agevolmente prendere, terminano sempre o con un vasetto, o con un balsamario, o pur con un uccello, secondo noi, simbolici dell'uso cui era l'urna destinata. Il nostro, terminante in un unguentario, ha forse analogia all'unguento di cui questa urna doveva essere aspersa, o agli oggetti che in essa eran contenuti.

armacollo, ed una collana a due ordini combinata con alcuni fiori a tre foglie, simili a quelli che si veggono contesti nelle ghirlande che cingono le chiome di queste due belle e vivaci figure.

Il momento preso ad esprimersi dall'antico figulo pittore a noi sembra esser quello dell'accordo de' due strumenti de' suonatori prima di cominciare un concerto, o sonata che voglia dirsi; dappoichè colui ch'è assiso e dà fiato alle tibie, si atteggia non già ad eseguire una sonata, ma a far sentire il tono al suo compagno riguardandolo fisamente, e scostando le sue dita dallo strumento; nel mentre che questi stando attentamente a lui rivolto pende da quel suono, e tocca leggermente le corde della sua lira, senza avvalersi del plettro che stringe nella destra; la qual cosa mostra che accorda e non suona. E questa circostanza unitamente all'altra di vedersi le dita del tibicine spiegate in modo intorno allo strumento da non poter formare armonia, siccome avviene sempre che si vogliano accordare gli strumenti da fiato con quelli da corda, conforta la nostra supposizione, che qui siasi espresso il momento di accordarsi gli strumenti, momento con tanta verità afferrato, che ti sembra esser pre-

sente a due suonatori di clarino e di cetera che
stanno accordando i loro strumenti per quindi eseguire un concerto.

Dall'aspetto opposto sono espresse due donne
che si purificano. Sorge fra esse un fonte lustrale
a color di bianco marmo, e sostenuto da alto piede
scanalato. Una di esse già denudata e colla fascia
mamillare disciolta è in atto di lavar le sue mani;
l'altra ornata di monile al collo sta togliendosi la
tunica levandola in alto: amendue hanno la testa
ornata di sfendone poco dissimili fra loro, ed amendue sono atteggiate a confabular insieme. È osservabile nella donna che ha di già cominciato a la-
varsi le mani il suo strofio o fascia mamillare, che
già slacciata dal suo sito le pende sul busto; e
sono pure osservabili in questa fascia alcuni oc-
chielli circolarmente forati, destinati forse a pas-
sarvi un laccio per poterla cingere sotto del seno,
come si pratica oggi col giubbone delle nostre
donne; il che spiegherebbe il modo usato dagli
antichi nello avvalersi di simili fasce mamillari,
modo che sinora non ricordiamo di aver veduto in
altri molti monumenti che presentano donne di tali
fasce fornite.

Resta da ultimo ad osservare nel campo del vaso, ed in direzione verticale del fonte, quel fagotto indeciso nel monumento, perchè alquanto consumato dal tempo, e che anche indeciso si è reso nella incisione. Noi supponghiamo che sia la tunica della donna che già nuda sta lavandosi le mani, e quivi da essa raccolta, come sopra di un armadio o scansia, dopo d'essersene spogliata.

Giovambatista Finati.

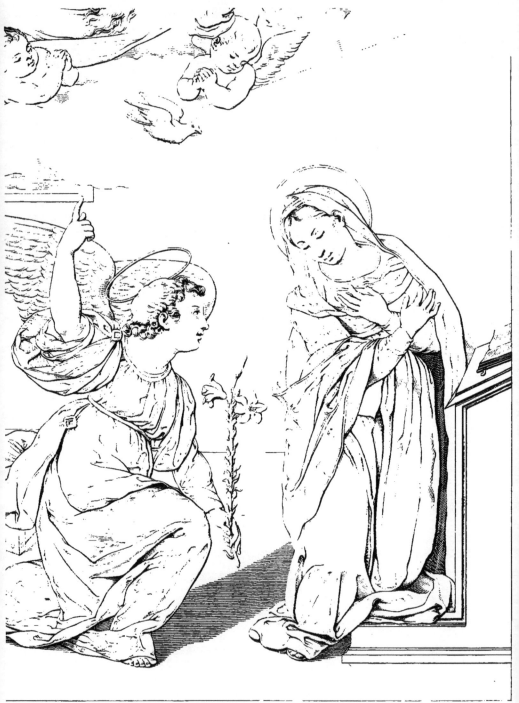

ra del.   N.ª direx.   Lasinio fil. sculp.

Scipione Pulzone pinx.

L'Annunziata - *Quadro in tela di Scipione Pulzone da Gaeta, alto pal. 8 ed once 6 per pal. 6.*

La eccellenza alla quale nel dipingere i ritratti giunse Scipione Pulzone da Gaeta fu tale, che gli meritò l'onore d'essere da tutti gli storici annoverato fra gli artefici più chiari della nostra napoletana scuola. Ed a quanta altezza giungesse il Pulzone in così fatto genere di dipintura ne fa fede sopra gli altri il Baglione nella vita che di lui ci narra, ove fra le molte altre cose ci dice che » allievo del famoso Iacopo del Conte fiorentino come
» quegli fu eccellente pittore particolarmente in fare
» gli altrui aspetti, talchè non solo passò il maestro,
» ma nel suo tempo non ebbe eguali, e sì vivi, e
» con tale diligenza che vi si sariano contati fin
» tutti i capelli, ed in particolare i drappi che in
» quelli ritraeva parevano del loro originale più
» veri e davano mirabile gusto ».

Per queste sue felicissime doti nell'operare i ritratti non appena Scipione ebbe compiuti gli studi dell'arte con Iacopo del Conte avendo scelto per sua stanza Roma gli fu dal Papa Gregorio XIII.

commesso il proprio ritratto, il quale esempio imitarono poi i principi e i cardinali della romana corte, non che tutte le più nobili donne di quella famosa città. A tale scopo lo chiamò anche a Firenze Ferdinando allora fatto Gran Duca, acciocchè la sua persona imitasse e quella della Gran Duchessa sua moglie, e così pure venne in Napoli per dipingervi il ritratto di D. Giovanni d'Austria, per la quale cosa l'illustre personaggio con ricchi doni e grandi onori il compensò. Ma vedendo Scipione che il solo lavoro de' ritratti non lo poteva innalzare al grado di molti altri eccellenti pittori, diedesi ad operare e storie e quadri da altari, in mezzo a' quali debbesi annoverare la tela che qui riportiamo, la quale ora ammirasi fra le più famigerate che compongono nel real Museo Borbonico le sale della scuola napoletana.

In questo dipinto la Vergine genuflessa innanzi a modesto inginocchiatoio con le mani incrociate sul petto par che si volga alla voce dell'Angelo, il quale inginocchiato anch'esso mentre la sinistra mano ha stesa verso il terreno reggendo un ramo di gigli, simboli del candore, con la destra all'alto rivolta indica il cielo, e con la bocca disegnata ad un leggiero sorriso sembra che annunzi alla Madre

di Dio l'alta missione della quale egli è ministro.
Al sommo del quadro tre angioletti che da un
partito di nuvole si affacciano come in atto di orare
fan corona all'Altissimo ritratto in tutta la sua
maestà lino al mezzo della persona con gli occhi
al basso rivolti e con le braccia aperte e sporgenti
verso la Vergine, come se dal sommo de' cieli com-
piere volesse il sacro mistero inviando a Maria lo
Spirito Santo simboleggiato e dipinto nel candido
augello poco discosto dagli Angeli che la gloria del
dipinto esprimono.

Ad onta che la composizione, come dicesi dagli artisti, di questa tela non sia da ammirarsi come
cosa straordinaria, la semplicità de' contorni e la
soavità de' toni rendono però tale opera pregevo-
lissima, spezialmente se prendesi a considerare con
quanta morbidezza sonosi dal pittore trattate le
pieghe della veste rossa e del manto celeste dell'Annunziata, non che la tunica dell'Angelo di color
giallo dipinta. Da compiangere però è il ritocco che
tale quadro ha sofferto, il quale pur troppo non
poco danno ha arrecato alla purità de' contorni
come quasi sempre in così fatte congiunture si avvera.

Se con accurata riflessione si osserva questa
pittura non è difficil cosa riconoscere in essa il

**

latte dall' autore succhiato, perocchè visibilmente si
scorge nel dipinto in parola il fare della fiorentina
maniera, quale convenivasi appunto allo scolare di
Iacopo del Conte. E ciò tornar deve di molto elogio
al Pulzone dimostrandoci pertanto quanta versa-
tilità era nel di lui pennello, giacchè nell'operare
i ritratti quasi un Tiziano il diresti. Della qual
cosa è larga pruova la bellissima testa che vedesi
nella sala medesima ove quest'Annunziata è posta
rappresentante il ritratto del Pulzone stesso, che
a nostro malgrado dovremo metter da banda in
queste pagine non potendo in alcun modo il buli-
no, mercè un semplice contorno, giungere a dare
adeguata idea de' vari toni, della robustezza e verità di colore, e della facilità di pennello con che
tale ritratto è operato.

L'autenticità del quadro che qui riportiamo
non può minimamente esser colpita dal dubbio.
Nella predella dell' inginocchiatoio ove la Vergine
è genuflessa leggesi scritto di propria mano dell'autore *Scipio Pulzones Gaetanus faciebat 1587,
Romae.*

Antonio Niccolini.

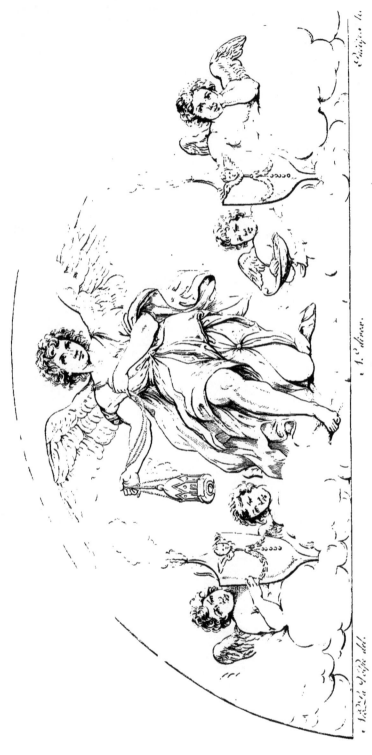

A. l'Amour.

Annib. Carracci pinx.

Nicola da Sispe del.

Pistepre la.

Un Arcangelo circondato da varî angioletti - Lunetta in tela di Annibale Caracci.

Di quell'Annibale Caracci è questa lunetta che insieme al fratello Agostino ed al cugino Lodovico richiamò la pittura in Italia sulla strada del vero e del bello d'onde s'era sviata. Qual parte s'ebbe egli e quanta i fratelli a tale rigenerazione, quale diversità di stile d'indole e di tendenze fosse fra loro, e come gli avvenimenti della vita li unirono prima, indi li separarono, e poscia un'altra volta li avvinsero, già dal chiàrissimo Cav. Bechi nel primo volume di questa opera con vivo stile fu raccontato. Inutil cosa adunque sarebbe ora toccare novellamente i fatti risguardanti la vita di questo lume delle arti italiane, e perciò con brevi parole ci faremo solo a dire del dipinto riportato nella tavola XVII. di questo volume.

I teologi ed i padri della Chiesa dividono la schiera degli angioli in tre classi, e ciascuna di esse in altri tre ordini. La prima di queste classi composta viene da'Serafini, da'Cherubini, e da'Troni;

la seconda dalle Dominazioni, dalle Virtù, e dalle Podestà; da' Principati, dagli Arcangeli, e dagli Angioli la terza, mentre con questo ultimo nome chiamansi pure indistintamente ognuna di tali gerarchie. All'ordine pertanto degli Arcangioli appartiene quello quivi rappresentato, perocchè le sembianze non più fanciulle, ma giovanili che in esso ravvisansi, e quelle grandi ali sono i distintivi che additano mai sempre ne' dipinti questi ministri del cielo. Esso regge con la destra mano un fumante turibolo, con l'altra le catene all'incensiere congiunte, e genuflesso sulla sinistra gamba spiega maestosamente le ali che mentre fan più grandiosa la figura dell'Angelo servono ad un tempo per riempiere lo spazio del campo seguendo bellamente l'indole della curva nella sommità della lunetta: e i due candelabri in forma di vaso a' quali stà in mezzo fanno salire verso il cielo le simboliche fiamme.

Ogni parte di questa opera rivela la mano e l'ingegno del sommo pittore che diedegli vita. L'Arcangelo volge al cielo devoto lo sguardo come se aspettasse un comando, ciò che ci obbliga a considerare quanto il Caracci ben rammentossi che gli Angeli tutti vengono dalle sacre carte descritti

ministri dell' Onnipotente, *o spiriti ministranti*,
i quali in cielo fan corteggio all' Eterno aspet-
tando ed eseguendo i comandi di Dio. Nè
meno si svela la mano dell'insigne bolognese, se
prendesi a considerare la somma facilità di pennello che si ammira nelle pieghe del manto celeste e della tunica verde che l'Arcangelo cinge. Le
gentili e purissime forme poi de'quattro angioletti
e il muovere svariato della loro attitudine facilmente ci convincono che questo dipinto operato
venne da Annibale dopo che in Parma ebbe a ve-
nerare le pitture del Correggio, studiando il quale
non poco mutò di maniera, talchè pieno l'animo
di quel sommo e sventurato artefice scriveva al
cugino Lodovico: *Un sì grand'uomo* (l'Allegri),
se pure è uomo o piuttosto angiolo in carne, e
posto fino alle stelle, e qui doversi morire infe-
licemente. Questo sarà sempre il mio diletto....
mi piace questa schiettezza e questa purità che
è vera non verisimile, è naturale non artificiata
nè sforzata. Ognuno l'intende a suo modo, io
l'intendo così, io non lo so dire, ma so come
ho a fare, e tanto basta. E pure a proposito del
Correggio scriveva un'altra volta allo stesso Lodo-

vico: *Abbia pazienza il vostro Parmigianino, perchè conosco adesso aver di questo grand' uomo tolto ad imitare tutta la grazia, ma vi è pur tanto lontano, perchè i puttini del Correggio spirano, vivono, e ridono con una grazia e verità, che bisogna con essi ridere, e rallegrarsi; ma al mio gusto il Parmigianino non ha che far col Correggio, perchè quelli del Correggio sono stati suoi pensieri, suoi concetti, che si vede, che si è cavato di sua testa e inventato da se, assicurandosi solo con l' originale; gli altri sono tutti appoggiati a qualche cosa non sua, chi al modello, chi alle statue, chi alle carte: tutte le opere degli altri sono rappresentate come possono essere; queste di quest' uomo come veramente sono. Io non mi so dichiarare, nè lasciarmi capire, ma m'intendo bene dentro di me.*

Tanta modestia e così grande fervore pel vero merito ben si addicevano all' anima di Annibale Caracci.

Antonio Niccolini.

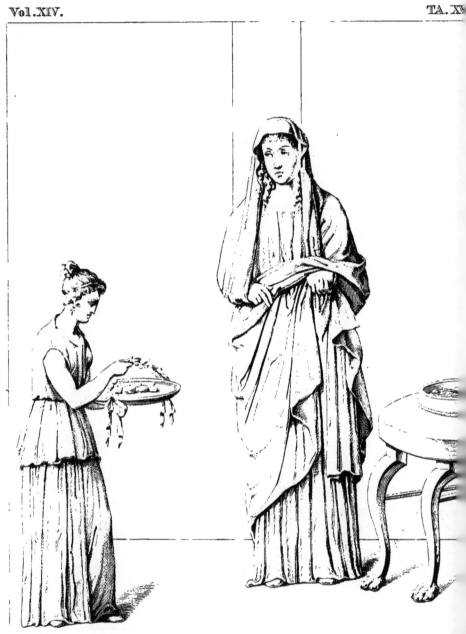

Nic.ª La Volpe del.   N.º dirax.   Lasinio fil.

Pittura pompeiana.

Innanzi ad una tavola con sopravi un cestino ripieno a quel che sembra di fiori sta una veneranda donna vestita di tunica, e tutta inviluppata in ben largo manto, la quale tiene in mano una specie di scodella o che che siasi altro. Innanzi a costei vedesi poi una donzella che sostiene largo bacile ripieno di frutta colla manca in mentre che nella destra tiene un serto di fiori. Ognun vede con quanto di ragione si potrebbe dire essere la prima una sacerdotessa, alla quale la sua ancella, o alunna che dir la vorrai, metta in mostra le cose necessarie a' sacrifizî, e cerchi riceverne le opportune istruzioni. La quale conghiettura riceverebbe assai di appoggio nel manto che alla prima ricopre la testa, nelle chiome che lunghe le scendono su le guance, ed in quell'aria di modestia e di compostezza che mostra nel volto.

Bernardo Quaranta.

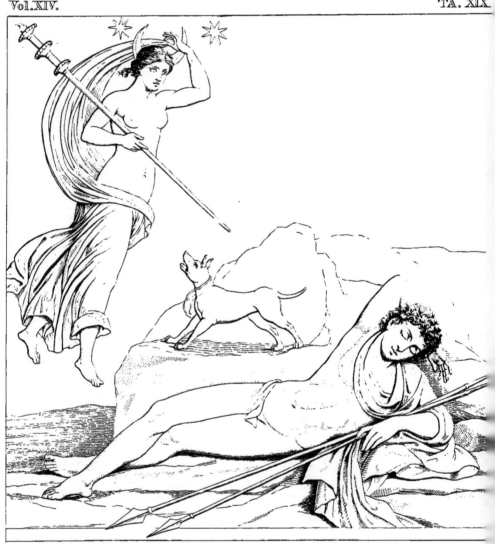

Ferd° Mori del. et sculp.   N. direx.

DIANA ED ENDIMIONE. - *Affresco pompeiano.*

Fu comune opinione presso del paganesimo che la più casta delle dive soggiacesse come ogni altra alla possente forza di Amore , e che furtiva abbandonasse l'Olimpo per girsene a vagheggiar sul monte Latmo l'addormentato Endimione. E non altro che questo è il momento espresso nel leggiadro dipinto pompeiano che qui pubblichiamo per questa tavola XIX., il quale ci fa dubitare che altro sia il vero suo protagonista, e ne induce a supporre che possa forse rivindicarsi a Diana la purezza del suo candore. E sebbene non poco abbiano spaziato i poeti co' loro canti e gli artefici con le loro opere sulla debolezza di questa diva , pure a noi sembra, che allo appoggio tanto di questo affresco quanto dell'altro testè veduto alla tavola III. e di altri monumenti, possa probabilmente togliersi la greca mitologia dalla strana contraddizione di credersi la più casta delle dive fecondissima madre di eletta e meravigliosa prole. Non in abito succinto , non calzata di venatorio

**

coturno, non armata di faretra e di arco, ma
bensì nuda e solamente di celeste manto in parte
inviluppata è qui espressa la diva dopo esser di-
scesa dall' Olimpo reggendo colla destra un torchio
acceso, e colla sinistra un elevato lembo del suo
manto leggermente gonfiato-da fresca aura mattu-
tina, e quasi estatica si sofferma a mirare il vago
Endimione, il quale addormentato giace su di
un greppo ricoperto dalla sua clamide, facendo
sostegno al suo capo il dritto braccio rivolto al-
l' occipite, e abbandonando la sinistra su due lance venatorie che ancor tiene distese sul suo braccio. Il disco crescente sul capo della diva posto
fra due rilucenti astri irradiano questa silenziosa
scena, la quale è solamente interrotta dal latrato
del cane del cacciatore, che vuol quasi avven-
tarsi alla diva innamorata.

Or non avendo questa vaga deità alcuno dei
consueti attributi che a Diana si riferiscono, nè
la foggia delle vestimenta consentanea al vestire
della sorella di Apolline, sembra che altra diva
qui debba riconoscersi. Gli antichi scrittori greci
nello informarci dell' avventura di Endimione addormentato non parlan mai di Diana, ma bensì

della Luna innamorata di lui ; in essi si legge costantemente Σελήνη Luna , e non mai Αρτεμις Diana (1). E chi non sa che la Luna e Diana sono due diverse deità , essendo la prima figlia d' Iperione e di Tea , e la seconda figliuola di Giove e di Latona , confusa poscia da' Romani con la Luna (2) ? Quindi sembra che anche il pittor pompeiano , bene informato degli antichi miti , la Luna e non Diana abbia voluto presentarci pel suo dipinto, esprimendola di carattere, di attributi, e di vestimenta affatto diverse dalla sorella di Apolline. Ed a maggiormente comprovare che qui la Luna e non Diana si rappresentava pose in testa della diva il disco lunare fra due astri, il pianeta di Venere , cioè *phosphorus* quando segue la Luna , ed *hesperus* quando la precede.

Giovambatista Finati.

(1) Omero *Hymn. in Lun. v. 9.* e da Orfeo *Hymn. in Lun.* vien denominata ancora ταυροκερως, *tauri cornua habens,* ταννπεπλος, *longam vestem habens,* e non succinta come Diana.

(2) Se i limiti impostici fin dal cominciamento di quest' opera il permettessero molti altri argomenti qui recheremmo per rafforzare la nostra conghiettura; senza dunque qui riportare altre autorità di Classici e non pochi monumenti dell' antichità figurata , ci siam limitati ad annunciar la nostra congettura senza treno di citazioni e di più estese argomentazioni.

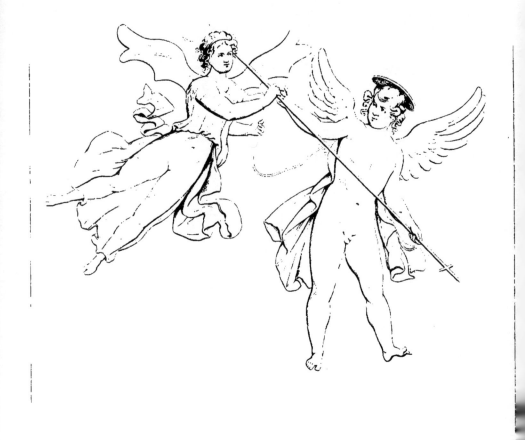

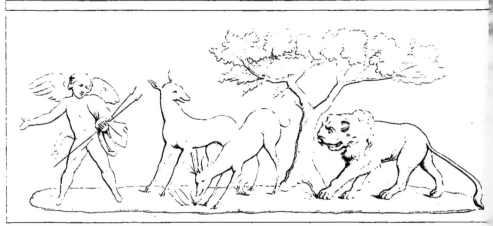

Orazio Angelini del.   N.º dirœ.   Vinc.º Crispino sculp.

Due pitture.

Veggiamo nella prima pittura di questa tavola un Genietto alato di belle sembianze con in testa una causia, e su le spalle leggiera clamide, il quale par che riceva dalle mani di una donna parimenti alata il timone di un aratro, dal quale pende una di quelle funi chiamate da'Greci μεσαβοι, *mesaboi*, ζυγοδεσμα, *zygodesma*, ζευγατηρες ιμαντες, *zeugate-res himantes*, da Virgilio *lora iugalia*, e da Catone *subiugia lora*, appunto perchè con esse i bovi si aggiogavano all'aratro. Dal quale timone io prendo argomento per riscontrare in quel giovane *il Genio dell'agricoltura*, e nella donna *l' Ora invernale* che gli consegna l'istrumento con che cominciare il lavoro de' campi. Certo così le ali come la tunica ed il manto di cui si ricopre costei ben convengono alla severa stagione.

Nell'altra pittura sottostante alla descritta comparisce un fanciullino alato con in mano due giavellotti il quale col gesto e colla voce par che inviti a fuggire due cervette insidiate da enorme leone che viene ad assalirle di dietro a grande albero.

Bernardo Quaranta.

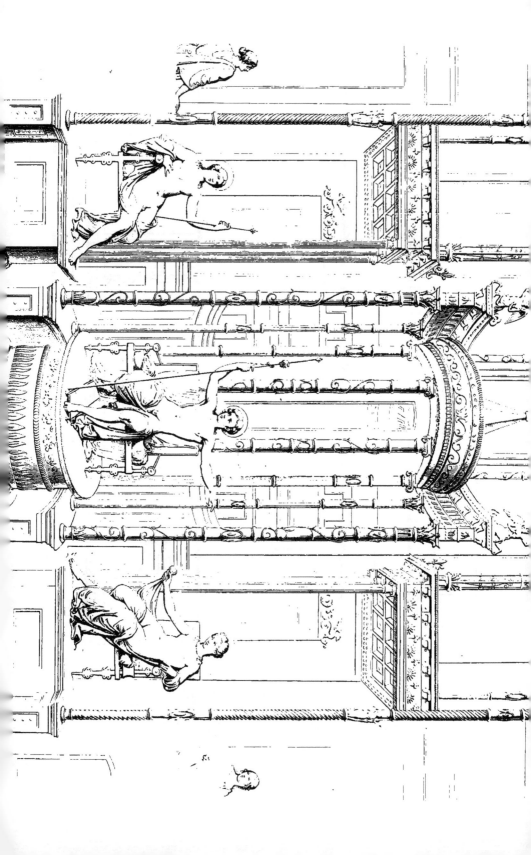

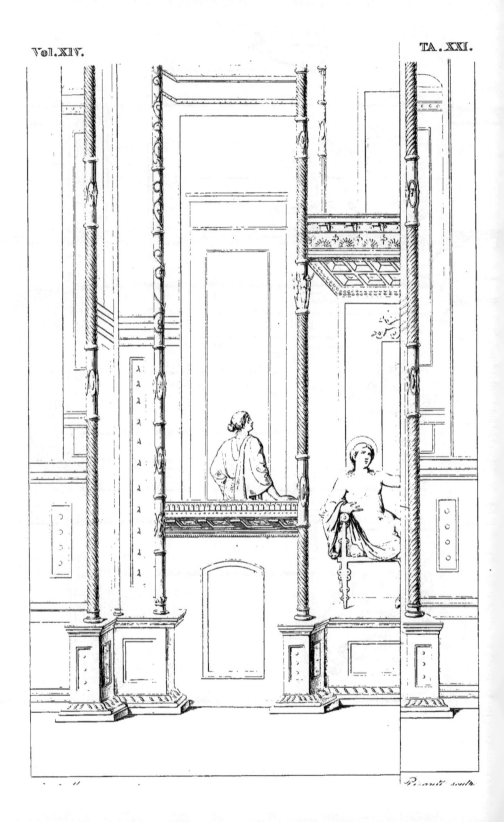

Pisanti incid.

PARETE POMPEIANA.

Non sarebbe a nostro credere un'iperbole troppo ampollosa il chiamare questa parete de' Pompeiani la parete della bellezza, poichè si vedono in essa figurati i tre Iddii de' gentili che la loro mitografia aveva immaginato floridi ed appariscenti in un' eterna e carissima giovinezza, Venere, Apollo, e Bacco. Gli scultori, i pittori, e i poeti raccolsero tutto ciò che poterono rinvenire di bello e di gentile fra le umane fattezze per comporne quel tipo di bellezza che applicarono a' simulacri di questi tre numi. Di Venere cara agli uomini ed agli Dei, seducente sopra tutti gli enti del cielo e della terra, anima e diletto dell'universo, a chi non son conte le bellezze e le grazie? A' soli Bacco ed Apollo era dato il fiorire in un'eterna ed inalterabile giovinezza talchè ad ambedue, al dir di Tibullo (1), convenivano intonse le chiome. Ed allo stesso Tibullo tri-

(1) *Solis aeterna est Phoebo, Bacchoque iuventus;*
  Nam decet intonsus crinis utrumque Deum.
    Tib. lib. I El. IV.

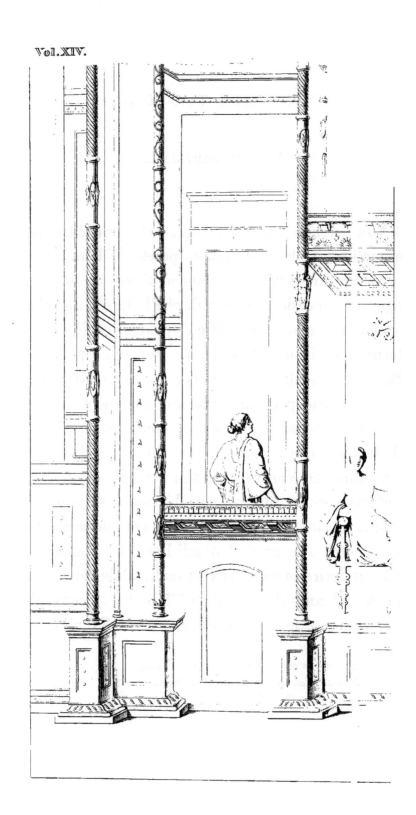

Parete Pompeiana.

Non sarebbe a nostro redere un' iperbole troppo ampollosa il chiamare questa parete de' Pompeiani la parete della bellezza poichè si vedono in essa figurati i tre Iddii de' gutili che la loro mitografia aveva immaginato flori ed appariscenti in un' e- terna e carissima giovi ezza, Venere, Apollo, e Bacco. Gli scultori, i p tori, e i poeti raccolsero tutto ciò che poterono nvenire di bello e di gen- tile fra le umane fatte: e per comporne quel tipo di bellezza che applica no a' simulacri di questi tre numi. Di Venere ca a agli uomini ed agli Dei, seducente sopra tutti gl enti del cielo e della terra, anima e diletto dell'ur 'erso, a chi non son conte le bellezze e le grazie? i' soli Bacco ed Apollo era dato il fiorire in un' eter l ed inalterabile giovinezza talchè ad ambedue, al ir di Tibullo (1), conveni- vano intonse le chiome Ed allo stesso Tibullo tri-

(1) *Solis aeterna est Phoebo, B hoque iuventus;*
Nam decet intonsus crinis u mque Deum.
    T ib. lib. I El. IV.

bolato di amore comparve (1) Apollo co' capelli fluttuanti sugli omeri e stillanti di unguento, bianco il bel corpo come la luna, ed a quel candor mescolata la porpora come le guance di verginella che si fa sposa, o come *a gigli sarian miste viole* ; o come le mele, che candide, al comparir dell'autunno arrossiscono.

Queste tre divinità, belle sopra tutte le altre, sembrano a noi chiaramente espresse nelle tre figure che son principali nella composizione di questa parete. Il nimbo che cinge loro la testa, i troni su cui stanno seduti, tutto ci dà a divedere queste tre figure per tre divinità. In mezzo è Bacco, alla sua destra siede Apollo, Venere alla sua sinistra. Del perchè Bacco tenga il più cospicuo luogo della parete, e il più distinto seggio, troveremo le ragioni nella celebrità a cui era giunto il culto di Bacco nell'ultima epoca della nostra Pompei. Poichè la casa, dove si trova questa parete, deve essere se non edificata almeno stata riattata ed ornata dopo il famoso terremoto del 63, e fu da noi pubblicata alla tavola AB del XIII volume, e la parete, subietto della presente tavola, sta nella stanza marcata col n. 27.

(1) Tibul. Lib. III. El. IV.

È singolare come le pareti di questa ben adorna
cameretta siano rivestite di stucco e dipinte per
soli 7 palmi e 1/2 napoletani, e nel resto della sua
altezza lino alla cornice lasciate di abbozzo, forse
perchè nella parte superiore destinate ad esser ri-
coperte di tappezzerie. Ha il pavimento fatto di sca-
gliola dipinto sopra come se fosse di musaico: esempio forse unico di pseudomusaico presso gli antichi,
e che noi moderni, cui non basta nè la pazienza nè
il denaro per fare musaici veri ne'pavimenti, imi-
tiamo tuttogiorno.

Queste grottesche bellissime sono spartite in
fondi di vari colori fra i quali domina il celeste,
il verde ed il rosso. Le colonnette, zoccoli e basi, di
cui è tanto svariata, sono espressi come se fossero
inorati. Bellissimo ed oltremodo brillante ne era
il colorito allorchè comparve in queste rovine, ora
alquanto rientrato e scemato di vigore e di brio.
Soprattutto attirava l'ammirazione de'riguardanti
il bel colore dell'incarnato delle figure che abbiam
descritte, il che ci fa ripetere che gli antichi fre-
scanti avevano una tavolozza capace di arrivare
alla forza, alla sfumatezza, all'impasto de' nostri
pittori a olio con il vantaggio su di essi di non

★★

esser le loro pitture soggette a crescere ed alterarsi come i dipinti a olio, del che diciotto secoli di durata sono un esperimento che non ammette ombra di dubbio.

Guglielmo Bechi.

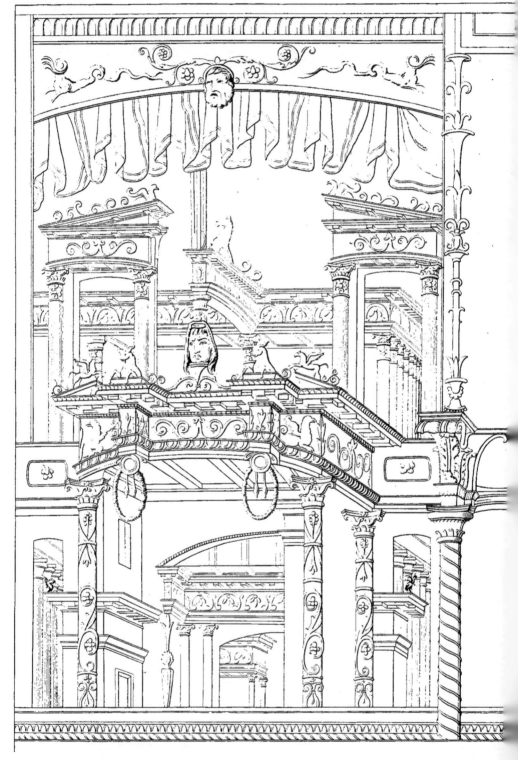

PARETE DI ERCOLANO.

È corsa ora mai la metà di un secolo da che gli
Accademici Ercolanesi facendo di pubblica ragione
le antichità dissepolte dagli scavi di Ercolano e
di Pompei pubblicarono questa parete. Pur tuttavia
non potremo questa volta giovarci de'lumi di quei
dotti illustratori, come bene spesso abbiamo fatto
nel corso della nostra opera, giacchè l'indole delle
arti è talmente mutata col mutare de'tempi, che
nessuna illustrazione fu creduta allora necessaria
al dipinto che qui riportiamo, e ad altre molte
pareti, perchè di soli ornamenti architettonici si
componeva. Ma ora sarebbe per noi colpa tacere
di questa parte dell'arte, mentre sul finire dello
scorso secolo a niuna colpa addicevasi, non essendo
allora le discipline del bello in ogni ramo caldeg-
giate con quell'amore che a' dì nostri si veggono.
Questa stupenda tavola è importantissima per
la visibile contezza che ci dà della imperizia degli
antichi nelle regole della prospettiva lineare para-
gonata alla scienza che adesso ne abbiamo, e del

sommo merito all'opposto che possedevano nella prospettiva aerea, la quale con maggior valore trattavano di quel che oggi non fassi. E importantissimo è al certo l'osservare pure gli svariati e leggiadri aggiustamenti adoperati in questo dipinto al di sopra delle trabeazioni e sulla cima di quei vari architettonici edifizi quasi tutti terminati con animali, arabeschi, tronchi, maschere ec., in modo da dimostrare agli odierni architetti, che mal si appongano credendo di starsi agli antichi esempi allora quando le private fabbriche edificano sulla maniera medesima degli antichi pubblici edifici. In modo che se percorri l'Italia per tacere di altre colte nazioni ove tal sistema prevalse, ed osservi le fabbriche tutte di questo secolo, tu non trovi che fredde imitazioni del Partenone, e degli altri tempi di Grecia, o della lanterna di Demostene, o del Panteon di Roma, siano pur chiese, teatri, porte di città, case, insomma qualunque altro edifizio: e ciò forse perchè i tesori scaturiti da Ercolano e Pompei non furono sul finire del caduto secolo, per la parte dell'arte, abbastanza studiati, talchè la massima d'imitare solo i colossali monumenti dell'antichità prevalse, e pur troppo tuttavia prevale nel seno di quasi tutte le Accademie di Europa.

Gli architetti che fiorirono nel decimo quinto e decimo sesto secolo seppero almeno rinvenire nel loro ingegno un modo di decorare i privati monumenti da ben distinguerli dalle pubbliche fabbriche, ciò che dava luogo a mille invenzioni svariate. Ma se non è dato adesso emulare quei sommi nel rinvenire con la potenza della propria mente novelle forme di decorazione, prendiamo almeno liberamente e senza superstizione ad imitare negli antichi, col sussidio del senno e su i monumenti pompeiani, questa parte dell'arte senza correrci dietro l'uno coll'altro, rivestiti sempre dalle stesse maniere e sospinti da' pregiudizi medesimi.

Antonio Niccolini.

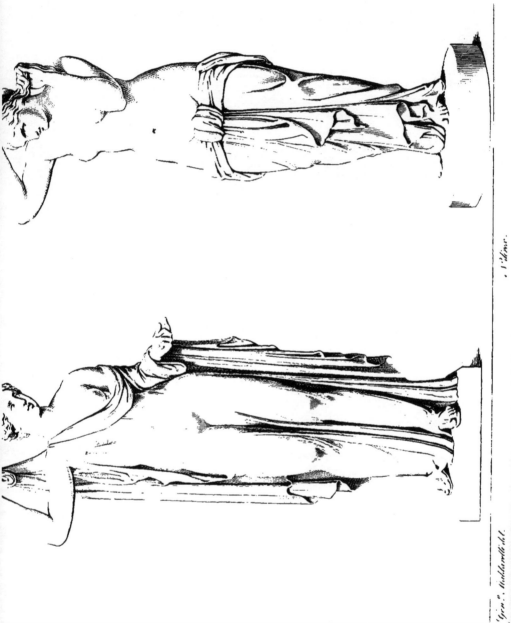

FIGURINA MULIEBRE -VENERE: *la prima in marmo grechetto alta pal. due e 58/100 proviene dalla Casa Farnese: la seconda in marmo lunense è alta palmi tre, e fu ritrovata in Pompei.*

LE due belle figurine che presentiamo incise in questa tavola XXIII. sono felici imitazioni di famoso originale greco. La prima che qui vedesi in piedi vestita di sottil sistide trasparente sfibbiata nell'omero sinistro, ed in atto di reggere con la destra un lembo del manto che ricadendole sul dorso va ad avvolgersi sul sinistro braccio, è simile a diverse altre statue cosi vestite e che sollevano con grazia il manto dietro le spalle. Nel real Museo Borbonico altre due se ne serbano, e diverse se ne ammirano in altri Musei d'Italia e di oltremonte. Il Gori (1) vi riconosce delle Muse, il Montelatici (2) ed il Montfaucon (3) delle Veneri genitrici, il Winckelmann, che molte ne annovera, le definisce per Danzatrici (4),

(1) Museo Fiorentino: Statue tav. XVI.
(2) Villa Borghese pag. 218.
(3) *Antiq. exp.* T. I p. 1 tav. CII, n. 5.
(4) Storia delle arti del disegno.

ed il Visconti (1) in fine Veneri vincitrici le denomina. Dan luogo a tutte queste varie denominazioni i ristauri, a' quali ordinariamente gli antichi
monumenti van soggetti, e le statue del real Museo
non ne sono state affatto esenti: e specialmente
questa, di cui ci occupiamo, ha di ristauro la testa,
il braccio dritto e le mani, estremità tutte che
dovrebbero decidere della sua denominazione, perchè son esse principalmente che portano l'impronta
e gli attributi caratteristici de' subietti che presentano; ond'è che val meglio attender la scoperta di
altri più interi simulacri, che azzardare delle di-
vinazioni spesso contraddittorie perchè incerte. Questa vaga figurina d'altronde è commendevolissima
per la sua elegante sveltezza, pel giudizioso ed accurato partito delle pieghe, e pel nudo assai ben-
inteso disotto le vesti da cui traspare; il che non
la rende seconda ad alcuni de' simili simulacri.

Non meno importante è l'altra figurina di Venere incisa a sinistra di questa tavola: essa è nuda
dalla cintura in giù, restando nel resto coperta da
un elegante panneggiamento annodato al davanti:
la sua attitudine è di racconciarsi la discinta chio-

_____

(1) Museo Pio Clementino tav. III. tav. VIII. pag. 9.

ma; cosi la Dea della bellezza fu ritrovata allorchè
Pallade e Giunone le fecer visita per ottenere da lei
che inducesse Amore a rendere Medea amante di
Giasone, onde il Poeta (1) cantò che Venere prima
di riceverle » il crin non colto colle man raccolse ».
E così e non altrimenti in molti altri monumenti è
espressa la Dea degli amori: vari ne sono gli esem-
pli in piccolo bronzo che se ne serbano nel Museo,
e così per l'appunto e simile a quella che abbiamo
sott'occhio è espressa nel pregevolissimo bronzo
testè ritrovato in Nocera, ed acquistato dall'augusto
nostro Sovrano per le cure dell'Eccellentissimo Ministro degli affari interni. E sebbene tali statue ordinariamente si attribuiscono a Venere *anadiomene,* che si asciuga i capelli, a noi pur sembra che
questa divinazione non sia troppo esatta, dappoichè Venere uscente dalle acque del mare dovrebbe
essere rappresentata tutta nuda e con capelli molto
più disordinati di quello che vedesi in tali simulacri.

Allorchè questa bella figurina venne fuori dagli
scavi pompeiani, i capelli eran dorati ed il manto
era dipinto di color porporino, di cui or restano

(1) Apollonio v. 5o.

ancora le tracce. E quì non dispiaccia di osservare,
che quest' uso antichissimo in Grecia ed in Italia
di dorare e colorire le vesti delle statue era presso
che comune in Pompei ed in Ercolano, ed in quasi
tutta la Campania, dappoichè le molte statue che
da quelle distrutte città ci son pervenute avevano
nella massima parte i capelli dorati e le vesti co-
lorite ed indorate (1); ed i bei stucchi delle terme
bajane pur essi coloriti ed indorati annunziano esser
uso invalso in queste contrade di dipingere ed in-
dorare le sculture: le quali cose sicuro indizio sono
che con quelle dorature e quei coloramenti voleansi
imitare la polvere d'oro di cui le romane matrone
si ornavano le loro chiome, e i colori de' quali
risplendevano le loro sontuosissime vesti.

Giovambatista Finati.

---

(1) Tutte le statue muliebri della famiglia di Balbo vennero fuori dello scavo
di Ercolano co'capelli portanti le tracce della doratura: la bella statua di Diana
nell'attitudine di andare, di antico stile italico, era tutta dipinta ed indorata; anche
dipinta si rinvenne in varie parti della figura la statua d'Iside; e la Pallade com-
battente ercolanese aveva tutto il peplo indorato, in modo da potersene staccare
delle scaglie, come asserisce il Winckelmann. Vedi la nostra descrizione delle statue T. I.

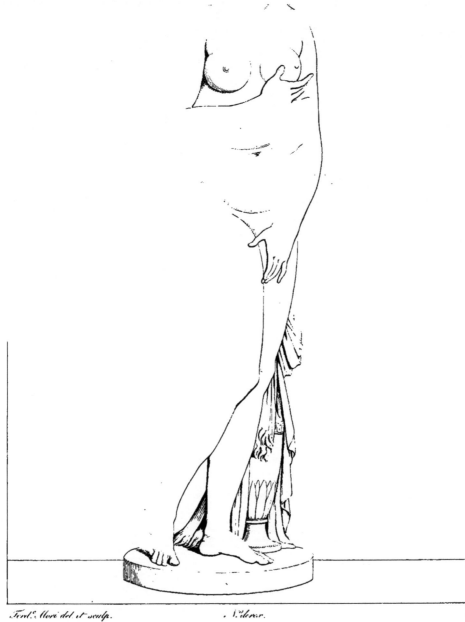

VENERE — *Statua in marmo greco, alta palmi 7, proveniente dalla Casa Farnese.*

ALTRA volta abbiamo discorso sull' uso invalso presso gli antichi artefici di moltiplicare e diffondere le copie de' famosi originali de' grandi maestri delle arti di Grecia , e specialmente ne' pubblici edifizî e nelle estese terme elevate dalla grandezza romana. Ed in fatti non è da revocarsi in dubbio che le più belle statue di Venere come la Gnidia celebrata da Plinio (1), la Callipiga del real Museo, quella così detta de' Medici della galleria di Firenze, l'altra del Campidoglio siano gli originali tipi a noi più noti della numerosissima schiera delle figure di Ciprigna che per ogni dove s'incontrano. E a noi sembra che la sveltezza e leggiadria della Venere Medicea abbia somministrato l'idea al romano artefice della bella statua che abbiamo sott'occhio ; poichè nella posa

---

(1) Lib. XXXVI. 4. *Opera ejus (Praxitelis) sunt Athenis in Ceramico; sed ante omnia , et non solum Praxitelis , verum et in toto orbe terrarum , Venus , quam ut viderent multi navigaverunt Gnidum.*

e nello insieme a quella più di tutte le altre somiglia. Pudibonda si dispone a tuffarsi nel bagno dopo aver gettato negligentemente le sue vesti sopra di un vaso che l'è a sinistra, attitudine comune presso che a tutte le Veneri che traggono origine da quel tipo. Questo vaso che qui ad un tempo serve di sostegno alla statua, e di appoggio alle vesti della Dea, vorrebbesi introdotto come un alabastro o vaso contenente gli unguenti, di cui Venere faceva uso con predilezione più di ogni altra deità; tanto più che avuto riguardo all'uso generalmente adottato nell'antichità di ungersi al bagno, qui tornerebbe molto a proposito l'accessorio di un vaso da unguenti. Ma osservando noi che le proporzioni di questa figura essendo poco più grandi del vero, e che i noti vasi di profumi di alabastro (1), che giornalmente si ritrovan negli antichi sepolcri, sono di una proporzione molto più piccola di quella che qui è sculta, ci piace di seguire l'opinione del Visconti, il quale in una presso che simile inchiesta crede che

---

(1) Questi vasi da unguenti senza manichi che i Greci chiamano alabastri han dato il loro nome alla pietra che ordinariamente n'era la materia. Vedi Visconti M. P. C. Volume I. tav. X, e la sua nota su questa voce.

quel vase sia nu' idria adoperata per le acque del bagno, delle quali l' idria è pure un simbolo, e che hanno con Venere anche una più stretta relazione per esser ella nata dalle acque, cioè dalla spuma del mare, onde fu detta Afrodite (1).

Molto dippiù avremmo notato su di questo bel simulacro di scultura romana, se la testa e le braccia non fossero state supplite recentemente dallo scultore Albaccini.

Giovambatista Finati.

_____

(1) Visconti M. P. C. Vol. I. tav. XI.

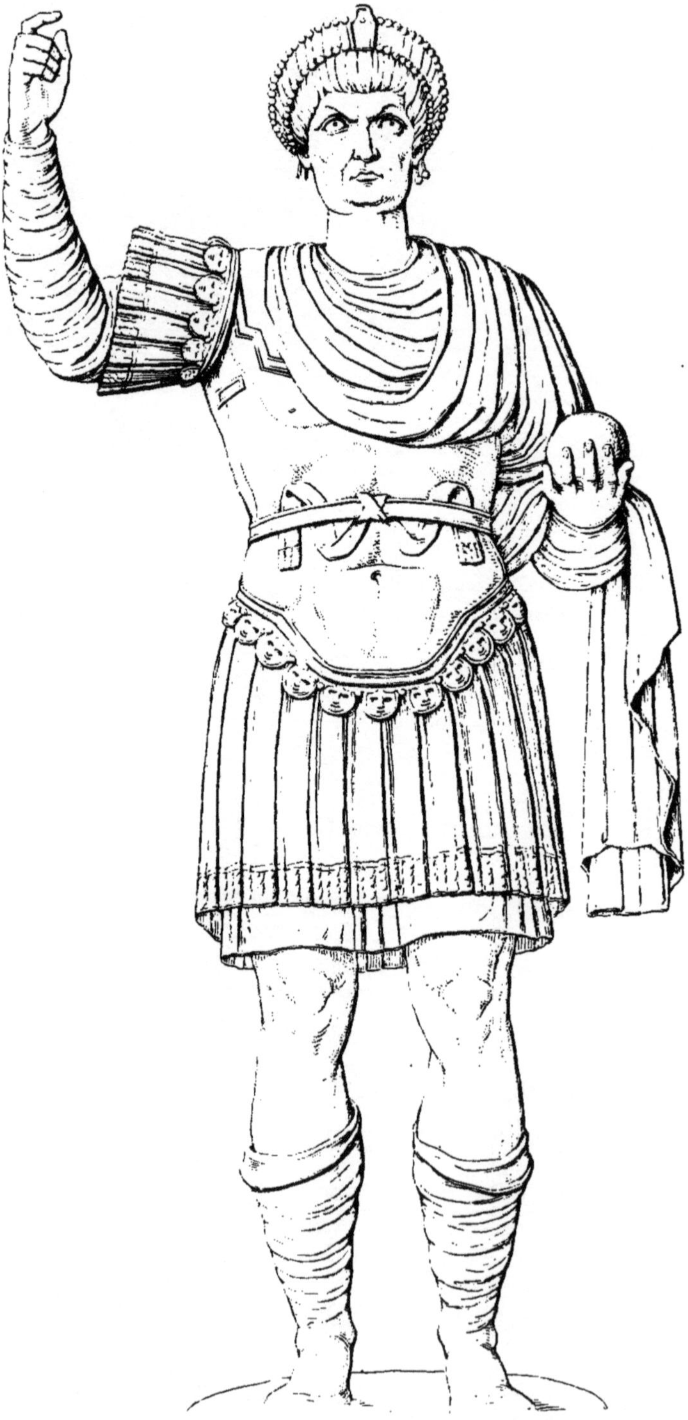

IL COLOSSO DI BARLETTA. — *Statua imperiale di
bronzo alta palmi 19 2/3.*

SIN dal cominciamento di questa edizione annun-
ziammo che i materiali riuniti per la sua compi-
lazione formavano una serie non interrotta di monumenti da somministrarci la storia di diciotto secoli
delle arti, con le vicende della loro perfezione, della
loro decadenza , e del loro rinascimento. Fedeli a
tali manifestazioni, e non essendosi ancora prodotto
un monumento classico della decadenza delle arti
e dell'imperio, ci siam resi solleciti di far esattamente disegnare ed incidere il singolar colosso barlettano, e qui pubblicarlo come quello che una
volta illustrato gran lume può arrecare allo stato
delle arti nell'epoca, cui questo importantissimo
bronzo si riferisce.

Vari scrittori prima di noi han diffusamente
trattato del barlettano colosso ; e noi qui non possiamo far di meno di rammentare l'ultimo lavoro
su questo monumento compilato dal caro nostro
collega sig. Raffaele Liberatore immaturamente man-

cato al bene ed allo incremento delle amene lettere italiane, alla cordialità dello stuolo de' suoi amici, ed al benessere della sua amabile famiglia. Egli nel viaggio pittorico delle Due Sicilie (1) così si esprime nel parlare del molo di Barletta.

» Singolarissimo ornamento non solo della via che qui vedesi rappresentata, e che impropriamente chiamano piazza di Barletta, ma della città stessa e del regno, anzi dell' Italia nostra, è la statua pedestre di bronzo, la quale nella tavola presente a prima giunta ne colpisce la vista. A fianco della chiesa del Santo Sepolcro, presso l' antica residenza de' cavalieri gerosolimitani, sopra rozza base di pietra questo colosso è rizzato; e bene tal nome si merita, poichè ne aggiugne l' altezza a palmi 19 2/3 napolitani. Figura imperiale e romana ognuno facilmente la giudica alla corazza, al balteo, al paludamento, e agli altri militari arnesi ond' è vestita, in quella foggia che siamo usi di ritrovarli nelle tante statue de' signori del mondo alle quali perdonò il tempo. Che se affisiamo lo sguardo alla benda gemmata che le fascia il capo, rav-

(1) Parte I. Volume II. pag. 83.

visarvi potremo alcuno degl'imperatori i quali suc-
cedettero ad Aureliano, di cosi fatto diadema primo
usatore. Colla destra mano innalzata sostiene una
croce, colla sinistra un globo; ma l'una è di legno,
l'altro di pietra, e però non conviene fermarci
sopra tali accessori; tanto più che non pur le mani,
ma ed ambedue le gambe sono aggiunzioni fatte
in tempi molto lontani dall'originario lavoro,
siccome il danno a conoscere il diverso colore nel
metallo, e l'inferiorità del disegno. Al che rispon-
de parimente la tradizione, della quale è uopo
far parola or che, per quella natural curiosità che
la presenza di simili opere sveglia nell'animo, passiamo ad investigare qual principe fu effigiato in
questo bronzo.

» Ardua quistione ed oscura qui si presenta; da
poichè manchiamo di qualunque indizio autentico,
di qualunque storico monumento che ne dia lume,
e tante, per cosi dire, son le sentenze, quanti gli
eruditi i quali ne favellarono. Attribui il barone
di Reisedel la statua in discorso a Giulio Cesare,
senza por mente alla testa diademata, che mai
non poteva esser quella del Dittatore. Il Fea, nelle
sue note al Winckelmann, la disse di Costantino

**

o di un de' suoi figli indotto in errore dal Mola,
che gli fece credere tale esser l'avviso de' più colti
tra' Barlettani, e che glien trasmise un erroneo
disegno, in cui la corona d'alloro venne falsamente
sostituita al diadema. Il sig. conte D. Trojano
Marulli, barlettano ancor egli, pugnò in apposita
opera per Teodosio il grande; nel che fu seguito
dal Millin cui dedicolla, ed il quale nel suo viaggio per le nostre contrade si fermò specialmente
a considerare questo colosso. Ma la tradizione e 'l
comune degli scrittori, fra'quali per cagion d'onore
vuolsi nominare Leandro Alberti, Paolo Giovio,
Pomponio Gaurico, e Pietro Giannone, in esso
riconoscono Eraclio, sebbene con particolarità più
o meno fallaci e diverse espongan le cose. Andando
innanzi troviamo che Gian Villani, allor che parla
nella sua storia di quel Rachisio re de' Longobardi
il quale cangiò la corona in una cocolla, e ch' ei
nomina Eracco, soggiunse: e la statua del metallo
che si vede in Barletta in Puglia fece fare egli alla
sua somiglianza nel tempo ch'egli regnava. Scipione
Ammirato, quell' eruditissimo nostro leccese che
fece ammirare l'ingegno e il purgato stile de' Napolitani pur nella stessa Firenze, sembra sulle pri-

me aver voluto interpretare l'Eracco del Villani, e l' *Arasce* di que' di Barletta, che tale è il nome ivi dato dal volgo al simulacro, per quell'Arechi il quale fu ultimo duca e primo principe di Benevento; ma poi favella ei pure d' Eraclio, facendolo di sua fantasia autore del molo di quella città, e però averlo gli abitatori onorato con questo segno di gratitudine. In fine il D'Agincourt, benchè non osi determinare in sì grande incertezza e varietà di pareri qual sia da preferire, e confessi che non conosceva la statua se non per disegni di poca o niuna esattezza (ed inesattissimo veramente è quello da lui datone); pure la tenne qual lavoro greco anzi costantinopolitano, e fra' monumenti di scultura del IV secolo, scarsissimo numero, senza esaminarla gran fatto, la collocò.

» Fra tante opinioni, quella che si piace a raffigurare nell' esemplar della statua l' imperatore Eraclio, vanta in vero più proseliti; e pareva altresi la meglio fondata, dopo che il P. Grimaldi gesuita mettendo in istampe nel 1607 una sua vita di S. Ruggiero Vescovo di Canne e protettor di Barletta, pubblicò un latino epigramma ch' egli disse molto antico e conservato in quegli archivi,

il quale canta come il greco scultore Polifobo get-
tasse di bronzo questa effigie d'Eraclio, quando
ei tornò vincitore dalla guerra persiana ; come tol-
tala i Veneziani fra le altre spoglie a Costantino-
poli per adornarne la patria, fu la nave che la portava spinta dalla burrasca ad arenare nella spiag-
gia di Barletta, e la statua si franse, e giacque il
busto lunga stagione inonorato sul lido; come per
ultimo un Fabio Albano rifece e gli adattò le membra mancanti, ponendogli nelle mani il globo e la
croce. Soggiugneva poi il P. Grimaldi aver cavato
da un *antico libretto*, anche serbato in archivio
(dove nessun altro il vide mai) che la traslazione
della statua così ricomposta dal molo alla piazza
avvenne l'anno 1491 a dì 19 di maggio. Ma il ch.
conte Marulli ha colla sua critica talmente ridotto
in polvere tutto questo edifizio, che nessuno ora-
mai, il quale voglia farsi a percorrere il suo libro,
continuerà nella credenza indicata (1). Non così
agevolmente poi verranno nella sua sentenza riguardo al sostituire ad Eraclio Teodosio; in sussidio

---

(1) V Discorso storico critico sopra il colosso di bronzo esistente nella città di
Barletta, del conte D. Trojano Marulli, dedicato al sig. cav. Albino Luigi Millin
direttore del Museo reale d'antichità di Parigi. Napoli 1816, presso Angelo Coda.

della quale invoca egli precipuamente una bella la-
pida di Canosa, in cui si legge che gli Appuli ed i
Calabri eressero una statua equestre leggermente
indorata a Flavio Teodosio padre di quello imperatore: iscrizione la quale, benchè da lui tratta,
a malgrado della contraria apparenza, con sottile
ingegno ed erudizion non comune a favorire in
qualche modo il suo assunto, pure a noi sembra
non altro realmente dinotare che la durata del regno delle arti nelle nostre regioni, eziandio in quel
tempo di già inoltrata decadenza. E se non allora,
certo non prima, nè fuori d'Italia, ebbe luogo la
fusione del barlettano colosso, chè per un lato ci
fa qualche peso il detto del Villani, il più antico
scrittore che n'abbia discorso, e per l'altro, chi
voglia acquistar giusta nozione del grado di corrom-
pimento in cui l'arte era caduta in Constantinopoli,
massime dopo Teodosio, basterà l'osservare qual rea
e laida cosa fosser ivi i tipi delle monete, laddove
dalle italiane zecche sino agli ultimi re goti uscirono
coni se non eleganti e finiti, almeno e per le figure
e per gli eserghi regolari e plausibili. Quando nella
metropoli dell'oriente non sapevano altrimenti
onorare il trionfo d'Eraclio e la pace conchiusa da

lui colla Persia che decretandogli una pinta immagine, come mai avrebbe fatto egli colà fondere una sì magnifica statua per inviarla in offerta al santuario del Gargano siccome altri malamente supposero? Del resto qualunque sia il monarca ritratto nella statua colossale di cui fu parola (poichè noi imitando la riserva del Signorelli, lascerem la lite ancor in pendente) sarà sempre nobile vanto, che di tutti i colossi sparsi pel mondo romano, e sette n'ebbe già la sola Roma, quell'uno, il quale non interamente distrutto dal tempo rimane in piede, in questo remoto angolo del regno nostro si trovi ».

Da quanto ha detto il Liberatore si raccoglie sempre più una complicata incertezza del soggetto espresso nel nostro monumento, e noi siam di avviso che il medesimo non potrà mai esser sufficientemente chiarito se non si definisca col confronto delle monete, e di accordo con la storia delle arti, quale de'monarchi ei presenti, se Teodosio, o Eraclio, oppure il re Eracco dalla storia di Giovanni Villani ricordato.

Confrontiamo dapprima la fisonomia del nostro colosso con quella che ci offrono le monete del gran Teodosio. Diverse se ne serbano nel me-

daglicrc del real Museo Borbonico, e noi prendiamo a confronto quelle di oro, come le più con-
servate, e tutte ci presentano imberbe il volto di
quel gran monarca, simile al volto imberbe del
barlettano colosso; i lineamenti da quello non dissimili, e la caratteristica acconciatura della testa
affatto simile a quella del simulacro sin nelle nappe
pendenti dal diadema all'occipite annodato; lo stile
in fine della scultura, appartenente al IV secolo
come il riconosce il D'Agincourt, e come noi abbiam
confrontato con altri monumenti dello stesso secolo,
è lo stesso di quello che nelle monete di Teodosio
si ravvisa. Confrontato al contrario il nostro colosso con le monete di Eraclio, nessuna relazione
si scorge fra le rispettive fisonomie, anzi il volto
di questo imperatore vi è con barba effigiato dal-
l'altro diversa; lo stile infine è bizantino, e nulla
ha di comune col simulacro in disamina. Lo stato
delle arti nella metà dell'ottavo secolo decide per
la esclusione della statua attribuita ad Eracco da
Giovanni Villani di sopra rammentato, seppure
egli intenda parlar del nostro monumento, o di
altra statua, di cui ora non potrebbesi rintracciar
memoria. Quindi a noi sembra che la lite lasciata

ıcora in pendente dal nostro Liberatore possa
nza gran tema di errare decidersi a favore della
ıinione del chiarissimo conte Marulli, che attri-
ıì questo colosso a Teodosio il grande.

E prima di por fine al nostro dire non dis-
accia di qui rammentare che il gran Teodosio
lì sul trono d'oriente nel 379. Egli era di
ta statura, di nobile portamento e di un'aria
aestosa. Coltivato nel suo spirito non ignorava
cuna cosa che meritasse di esser conosciuta. Il
.o grande ingegno il rendeva capace d'immagi-
ıre le più grandi imprese e di condurle felice-
.ente a fine. Il suo valore e la sua esperienza il
ceva camminare a pari passo co' più gran capi-
ni dell'antichità: ogni battaglia ch'egli dava era
ꞓr lui una vittoria, di maniera tale che Sapore III.
ꞓ di Persia sorpreso delle virtù di questo principe
ɪssò d'essere l'inimico de' Romani, e conchiuꞩe
ıll'imperatore un'alleanza che fu durevole e non
ıai interrotta.

Ed a noi sembra che il nostro vivacissimo
ronzo barlettano corrisponde anche a questi par-
colari che trovansi registrati della figura e del-
animo del gran Teodosio, e la sua acconciatura

alla foggia persiana, indipendentemente dal diad
ma che usarono i successori di Aureliano, potreb.
far supporre che questo eneo monumento gli fos
stato eretto dalla riconoscenza de' suoi popoli al
occasione della pace ed alleanza conchiusa con S
pore III. re di Persia.

Giovambatista Finati.

**

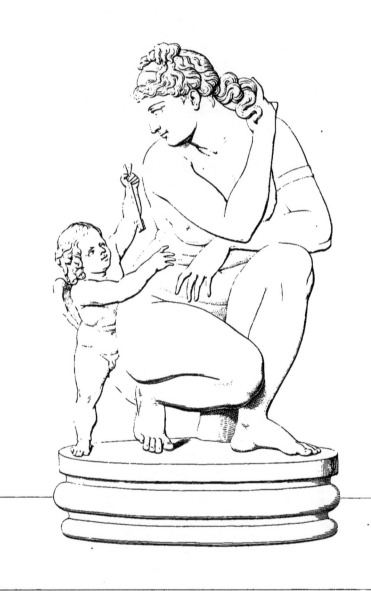

VENERE ACCOVACCIATA CON AMORE DAPPRESSO - *Statua in marmo greco alta palmi 5, proveniente dalla Casa Farnese.*

COMUNE alle diverse statue di Venere accovacciata, ed alle gemme esprimenti lo stesso subietto fu verosimilmente alcun famoso originale di greco artefice; imperciocchè non solamente la Venere che abbiamo sott'occhio ed un'altra che serbasi nel real Museo, ma le altre due ancora del Museo P. Clementino e della Villa Ludovisi sono nello stesso atteggiamento, ed un tipo comune lasciano supporre, sebbene la nostra abbia presso di se un Amorino che affettuosamente riguarda, e l'altra della Villa Ludovisi sia accompagnata da un putto coll'asciugatoio. Il Visconti nel chiarire la Venere del Museo P. Clementino (1), la quale non ha Amore nè putto, ma sta sola accovacciata come in un bagno, simile all'altra serbata nel Real Museo, supponeala una replica della Venere nel bagno di Policarmo, ammirata in Roma e rammentata da Plinio (2).

(1) Vol. I. tavola X.
(2) Lib. XXXVI Cap. IV. 9.

Il momento espresso dalla nostra bella statua ci sembra esser quello che appena uscita dal bagno, stando ancora accovacciata, compiaciuta si rivolge a dritta a favellare col suo fanciullo alato, il quale con la sinistra stringe una freccia, mentre con la destra addita verso il di lei petto, quasi a prescegliere un luogo alla ferita per favorir forse le inchieste di Adone, o di Anchise, o del suo genitor guerriero. È osservabile il braccialetto che la Dea tiene affibbiato al disopra del sinistro braccio, ornamento ricordato dagli antichi scrittori, ed illustrato da Festo, che lo denomina *spinther*, ovvero *armillae genus, quod mulieres gestare solebant brachio summo sinistro*, val dire » genere di armilla, che solean portar le donne alla sommità » del sinistro braccio » convenendo quel *summo* alla nostra statua, che la parte superiore del sinistro braccio ne porta ornata.

Questa pregevole scultura romana non esente da restauri nelle estremità, sebbene lascia ravvisare l'ideale bellezza de' lineamenti di Venere, la leggiadria della sua attitudine, e la mollezza della sua espressione, fa però desiderare maggiore sveltezza nello insieme, maggior dilicatezza nelle parti, ed in generale un' età più convenevole alla Dea degli amori: le quali cose ci mantengono nel nostro divisamento, che una bella copia sia di bellissimo originale greco, ma che l'esecuzione dell'artista romano non raggiugne il merito sublime dell'antico artefice inventore.

Giovambatista Finati.

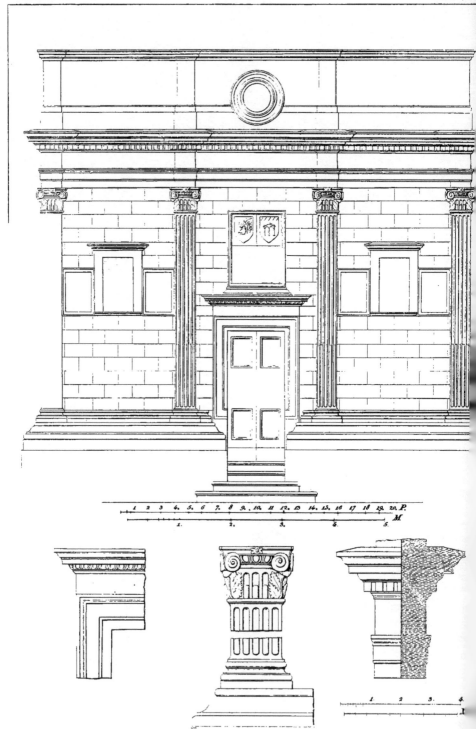

La cappella del Pontano.

Non si può certamente descrivere la cappella del Pontano senza fermarci a considerare il suo fondatore, nome che suona grande alle lettere e alla civiltà dell'intera Italia. Gioviano Pontano ingegno meraviglioso, che continuamente immerso nelle più gravi faccende della politica de' suoi tempi, scrisse tante opere, quante sarebbero state di troppo per chiunque altro, che scevro di affari, avesse potuto vivere nel beato ozio delle lettere e delle scienze. E questo pare a mio credere formi il gran pregio, ed il gran valore degli uomini di Stato di quei tempi, che agli ufficii della politica univano gli studî delle lettere e delle scienze. Ambasciatori ne' casi difficili, preposti agli affari i più importanti dell'interna amministrazione, Segretari de' Papi, de' Re, i Bembo, i Sadoleto, i Casa, i Pontano, uomini pratici, per eccellenza dottissimi di teorie, scrittori infatigabili sono in ogni tempo incomprensibili. Ed al Pontano crediamo noi dovere attribuire in gran parte le larghezze e i favori che ottennero, e l'alto grado di perfezione a cui salirono le lettere qui in Napoli sotto il reggimento de' Re aragonesi. La fortuna di questo prode uomo sorse e tramontò con questa dinastia di Sovrani di cui fu Ministro accreditatissimo. Fondatore di un'accademia emula della medicea si vedeva nelle poche ore che gli avanzavano agli affari circondato da una bella corona di felicissimi ingegni come un Sannazzaro, un Altilio, un Cariteo, un Elisio Calenzio, un Alessandro d'Alessandro, un Francesco Elio Marchese, un Galateo, e tanti altri che illustrarono quell'epoca che corse sì propizia alle lettere.

Nacque il Pontano in Cerreto dell'Umbria il 7 maggio del 1426: rimasto orbo del genitore fu obbligato per civili discordie rifuggirsi a Perugia ove fu amorosamente dalla madre educato e fatto ammaestrare nelle lettere greche e latine. Disperato del ritorno in patria quella dura necessità in cui gemeva, quella *malesuada fames*, che gli animi vigliacchi e perversi spinge alle scelleratezze, incitò invece il generoso ed onesto spirito del Pontano a contrastar da forte con l'avversa fortuna. Correvagli l'anno ventunesimo ed erano gli anni di Cristo 1447, quando questo giovinetto animato dalla fama della munificenza del Re Alfonso I. di Aragona, che allora guerreggiava nel Fiorentino, ricorse alla clemenza di quel monarca che accoltolo amorevolmente lo menò seco a Napoli. Da quell'epoca fino agli ultimi suoi anni fu sempre adoperato da' Re aragonesi in gravissime faccende di Stato, e questa sua vita pubblica gli durò quanto il regno degli Aragonesi cioè fino al 1501. Dai quali 54 anni da lui spesi in servigio di quei Sovrani trasse onori, e dovizie da poter riunire presso di lui quell'accademia che ancor dura qui in Napoli sotto il suo nome, e da poter costruire edifizi sontuosi, fra i quali noverasi la cappella che forma subietto della presente tavola. Morì il Pontano nella vecchiezza di anni 77 il 1503.

Questa chiesetta fu fatta edificar dal Pontano il 1492, in un'epoca in cui le arti del disegno erano in Napoli come in tutta l'Italia risorte a nuove forme e nuove bellezze da sotto le ceneri del medio evo. È stato errore di alcuni, scompagnato da ogni buon giudizio di arte, di credere che il Pontano seguisse in questo edifizio l'ordine di Andrea Ciccione, architetto molto in grido sotto

**

il Re Ladislao d'Anjou, e che gli disegnò il monumento che tuttavia si ammira in S. Giovanni a carbonara. Ma lo stile del Ciccione non ha nulla che fare con quello della cappella del Pontano, e sarebbe l'istessa cosa che confondere lo stile di Giotto con quello di Pietro Perugino, volendo trovar somiglianza fra le opere del Ciccione e la cappella pontaniana. Quell'epoca che produsse tanti capi lavori, che prende il nome dal secolo nel quale fioriva di cinquecento, avea bandito affatto lo stile gotico. Nè i particolari, nè la massa di questa elegante chiesetta hanno nulla che fare con lo stile e l'epoca del Ciccione che stava fra il moresco, il gotico, e il bizantino. Oltre di che l'arco del Castello nuovo edificato da Re Alfonso, e precursore di molti anni di questo piccolo ed elegante edifizio, aveva aperto un nuovo stadio all'architettura totalmente opposto alla maniera del Ciccione e de' suoi coetanei. Lodiamo in questa cappella la grazia ed armonia della massa, la eleganza di tutti i suoi particolari che si rispondono fra loro con tanta concordanza di grazia, con quanta si odono i suoni delle varie corde di un istrumento maestrevolmente toccate. E diremo di questo edifizio quello che Pomponio-attico diceva di alcune sue vecchie case, a chi come picciole e poco ornate consigliavalo di demolirle, *che ci era più sale che spesa*. E più sale che spesa effettivamente si osserva in questo elegantissimo avanzo del buon giudizio del cinquecento che indichiamo come un bello ed utile esempio agli studiosi di architettura. E tanto più utile in quanto che gli studi 'degli architetti versano il più delle volte su vasti subietti, e su monumenti di grande spendio, di cui le occasioni son tanto rare che posson quasi dirsi chimeriche, trascurando poi le fabbriche più modeste che comuni nell'uso si presentano tutto giorno all'esercizio pratico di quest'arte.

Guglielmo Bechi.

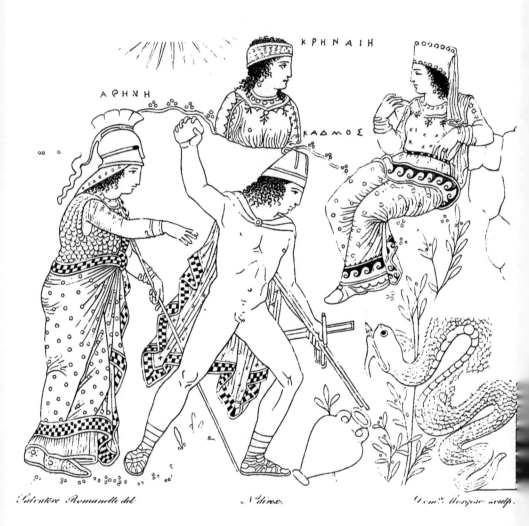

ΑΡΗΝΗ   ΚΡΗΝΑΙΗ   ΚΑΔΜΟΣ

Salvatore Romanelle del.   N. direx.   Dom. Morghen sculp.

CADMO. — *Vaso fittile di Puglia.*

Rapita Europa, Agenore di lei padre ignorando il rapitore, ordinò a' suoi figli di andar da per tutto in traccia della sorella, vietando loro di ritornare in patria senza averla ritrovata.

Dopo molti e lunghi viaggi Cadmo perduta ogni speme di rinvenirla si risolse di stabilirsi in Grecia, ove consultato l'oracolo di Apolline n'ebbe in risposta » nel vicino campo troverai una giovenca, seguila, ed ove essa si fermerà fonderai una città dandole il nome di Tebe ». Appena uscito dal sacro antro incontrò la giovenca, la segui, e quando essa si fermò, volle prima di gettar le fondamenta della nuova città rendere grazie al nume con un sagrificio. Spiccò a tal uopo i suoi compagni a cercar acqua in una fonte presso il vicino bosco consacrato a Marte, ove un dragone che il custodiva li divorò tutti. Cadmo impaziente di non vederli ritornare si mosse ad incontrarli, e ritrovò che quel dragone stava ancor divorando gli avanzi degl' infelici compagni suoi. Per

vendicar la loro morte combattè ed uccise quel
terribile mostro con l'ajuto di Minerva, e per suo
ordine ne sparse i denti, da'quali sursero uomini
armati e combattenti, i quali debellati, Cadmo ne
risparmiò soli cinque che gli servirono di ajuto
per fondar la città in adempimento degli ordini di
Apollo.

Il momento espresso nel principale aspetto di
questo pregevolissimo vaso di Puglia è Cadmo che
combatte il dragone con l'ajuto di Minerva. Quì
l'Eroe tutto nudo con sola clamide gettata sugli
omeri con pileo in testa e calzari a'piedi tien nella
manca abbassata la spada col balteo e due lance,
ed atteggiato al combattimento sta per iscagliare con
la destra elevata una grossa pietra al dragone, il
quale si rizza e vibra la lingua contra di lui. Minerva in lungo chitone e peplo armata di egida,
di elmo e di lancia, ed ornata di auree smaniglie,
indica all'eroe il luogo ove debba colpire il mostro. Compiono la scena di questo primo piano
del vaso un mucchio elevato di pietre, alcune
piante ed un vaso rovesciato posto fra Cadmo e'l
dragone.

Nel piano superiore Tebe personificata siede

presso di quegli scogli. Essa ha la corona turrita in
testa , ed è vestita di lungo e ricco chitone , con
analogo peplo del quale un lembo rialza colla destra presso dell' omero dritto , le sue braccia sono ornate di auree armille , l' annulare della sinistra decorato di prezioso anello , ed ha eleganti
sandali a' piedi. Rimpetto sta la fontana Crenaia
a mezza figura , ornata di largo diadema , e vestita di chitone riccamente ricamato. E segue anche a mezza figura il fiume Ismeno con capelli e
barba bianca vestito anch' esso di elegante e ricco
chitone portando un lungo scettro. Fra queste due
ultime figure comparisce il sole. Su le teste delle
figure si leggono le iscrizioni incise con bolino ΚΑΔ-
ΜΟΣ , ΑΘΗΝΗ , ΘΗΒΗ , ΚΡΗΝΑΙΗ , ΙΜΗΝΟΣ (sic).
Sotto le ghirlande di edera che ornano il collo di
questo pregevolissimo vaso si legge il nome del-
l' artista ΑΣΣΤΕΑΣ (sic) ΕΓΡΑΦΕ (1).

Il riverso del vaso rappresenta Bacco tutto

---

(1) Un grande balsamario col dipinto ch' esprime Ercole negli orti Esperidi è
dello stesso artista, e può osservarsi nel real Museo Borbonico all'ultimo armadio
dell'ultima sala della collezione de' vasi al n.° 60 ; ed una terza opera di questo
artista esprimente nel suo dipinto una parodia di Procuste è stata pubblicata dal
nostro amico e collega signor Millingen. *Coll. des peint. Pl. XLVI.*

nudo nella persona con benda e lemnisci reggendo con la destra abbassata una ghirlanda e nella sinistra elevata il tirso: su questo braccio sta gittato il grandioso manto del Nume. Egli è fiancheggiato a sinistra da una baccante vestita di lunga sistide ricoperta dalla nebride, sostenendo nella destra una ghirlanda, ed offrendo a Bacco una patera ricolma di frutta e di tre oggetti di figura piramidale; ed a manca da un barbuto satiro con festone nella dritta e bastone nella sinistra. Sul piano superiore di questa composizione sono espresse tre figure, che si veggono solamente per metà. Due di queste son tunicate, e situate di rimpetto; l'una ha un' acconciatura rossa, e l'altra una cuffia, e fra esse trovasi espressa una pianta: la terza è di satiro calvo e barbuto con testa ornata di benda, e vestito di nebride. Sul basso e propriamente presso del Nume un'oca attentamente il riguarda. I soli colori bianchi sono antichi, e gli altri colori brunastri che si veggono in queste figure sono di moderno ristauro.

Sebbene il subbietto del quadro espresso nel principale aspetto di questo bel vaso è per se stesso chiarissimo ed ineluttabile, pure a maggior chia-

rezza del mito Astea celebre dipintor (1) di vasi
non solamente ha aggiunto in questo pregevole la-
vor suo l'epigrafe greca su ciascuna figura, ma
ha voluto completare il suo dramma adombrando,
a nostro avviso, con que' sassi l'antro del dragone ; con quelle piante il bosco sacro a Marte,
che era presso della fonte Crenaia personificata
qui nella mezza figura posta fra Tebe e l'Ismeno,
anch'essi personificati nella bella figura assisa, e
nell'altra a metà di barbuto veglio maestosamente
crinito ; in quel vaso rovesciato il sopravanzo della
strage de' compagni di Cadmo, i quali con quel
vaso appunto eran giti a cercar dell'acqua necessaria al sacrificio ; nel sole infine, che comparisce
sull'alto della composizione, l'oriente nel quale
era nato l'Eroe protagonista del suo dipinto.

Non dispiaccia intanto l'aggiungere alle cose già
dette che coloro i quali si sono occupati a ritrovar la
verità delle favole dell'antichità pagana, preten-
dono che Cadmo uscì di Fenicia per istabilirsi in
Europa, e che giunto in Grecia con una colonia
di Fenici s'impadronì di una parte della Beozia,

---

(1) Vedi la nota precedente.

**

e vi fondò una città ove stabilì il suo dominio non
ostante la molta resistenza degl' indigeni di quel
paese. Quindi aggiungono che il dragone ucciso
da Cadmo fosse il principe del paese chiamato
Draco, figlio di Marte ; che i suoi denti misteriosi
fossero i sudditi di lui, i quali si riunirono dopo
la sua sconfitta ; e che Cadmo li facesse perir
tutti fuori di cinque che abbracciarono il suo partito (1). Questo avvenimento si fa da essi rimontare
a circa due secoli prima della distruzione di Troia.

Giovambatista Finati.

---

(1) *Palaeph. de Incred. Hist.* cap. 6. Ammiano Marcellino. l. 19 ed altri molti.

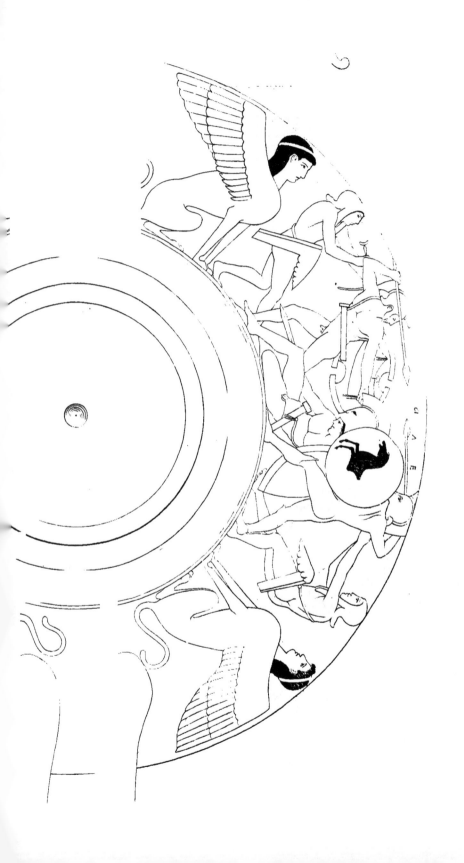

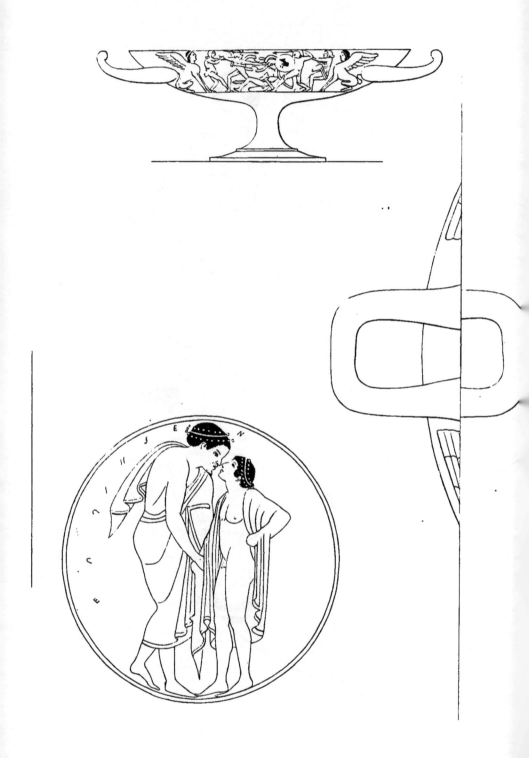

TAZZA DI CANINO.

LA bella tazza di che prendiamo a favellare venne al Museo Borbonico dagli scavi di Etruria con parecchie altre quivi disotterrate. Essa presenta al di dentro un giovane ammantato di pallio e con in mano un bastone che sta per baciare un garzonetto ricoperto da semplice clamide con sopra l'iscrizione ΕΠΟΙΕΣΕΝ (*fece*), da riferirla al nome dell'artista che manca. Al di fuori poi ci mostra due distinte scene di personaggi dipinti, le quali restano divise da' manichi e chiusa ciascuna da due sfingi accovacciate ed a quelli rivolte co' dorsi. In una è rappresentato Ercole, il quale, dopo sospeso il suo turcasso ad un albero, ha affrontato il leone nemeo, e passatogli il sinistro braccio sotto il collo, già cerca di soffocarlo. Ma con tutto il suo valore egli è tuttavia pericolante sì, che un compagno il quale trovasi dietro al lione e che gli tiene la clava, volge colla destra elevata le sue parole a Minerva a dargli soccorso, la quale perciò si ha tolto il cimiero di capo, ma non sai se voglialo offrire all'Eroe perchè meglio con esso si difenda la testa, o al compagno di lui, che di ciò la prega. Per me a dir vero più alla prima opinione inchinerei, poichè l'amico di Ercole ha già in testa un pileo, che da offese la campi. L'altra rappresentanza ci offre allo sguardo un guerriero caduto a terra per fresca ferita, come lo indica la sua postura, e molto più la spada che stringe ancor nella destra, ed il grosso scudo che imbraccia tuttavia. Egli è in mezzo a due guerrieri che combattono tra loro, chi per difenderlo, e chi per finirlo. Questi ha un rotondo scudo con sopravi per insegna metà di un cavallo, una celata in capo, gli schinieri alle gambe, il resto nudo. Quegli ha il fodero della spada ad armacollo, la lancia, uno scudo di figura ovata con due semicircolari incisioni a' lati, ed una celata. Ed io son di credere che qui si rappresenti Patroclo difeso da Menelao, tuttochè il momento scelto dall'artista non sia di quelli, di che s'incontra la descrizione in Omero. E tanto più di ciò mi persuado in quanto che i due arcieri, che chiudono la scena, hanno in testa due mitre, o tiare che dirsi vogliano, similissime a quelle che si veggono in testa a' guerrieri del gran Musaico pompeiano, e su qualche testa di Paride, tal che ben possono aversi per Troiani. Come troiano ancora è il guerriero che sta di fronte a Patroclo; nè la sua armatura differisce da quella di Menelao, se non perchè costui ha i *gambieri* propri de' Greci a segno che per essi meritaronsi il titolo di ευκνημιδες Αχαιοι.

Da ultimo noteremo che l'epigrafe apposta a questa scena è ΠΟΙΕΣΕ per εποιησεν (*fece*). Ciò fa supporre il solito nome del vasaio, il quale, qualunque ne sia stata la cagione, non vi si trova.

Bernardo Quaranta.

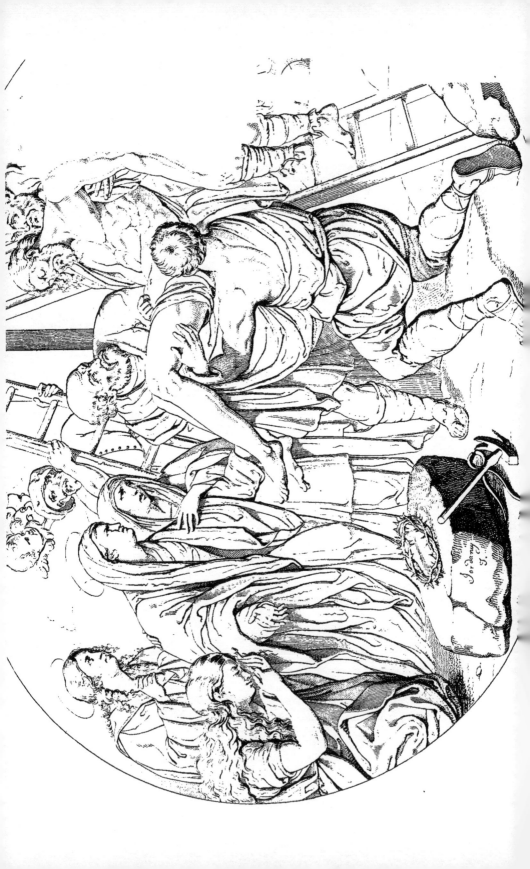

DEPOSIZIONE DI N. S. DALLA CROCE. - *Quadro sopra tela di figura ellittica di palmi dodici e 3/4 di maggior diametro.*

ERASI già di molto innoltrato il diciassettesimo secolo di n. s. allorchè la scuola napolitana rallegrandosi di aver dato alle arti tanti valenti maestri, lamentavasi nondimeno di vedersi al declinare del suo splendore con poca speme di scorgere negli altri suoi figli chi potesse sostenerne l'avita sua grandezza. A ristorar tali lamenti sorse inattesamente, diremmo come un genio, il giovanetto Luca Giordano (1), figlio del volgar pittore Antonio, il quale con istupor de'suoi contemporanei, essendo ancor di sette anni, conduceva sotto la disciplina del gran Ribera opere sorprendenti. Abbenchè fanciullo, ma pieno dell'innato amore che in se potentemente sentiva per l'arte, al solo annunzio che in Roma, in Venezia ed in altre città cospicue del-

----

(1) Nacque in Napoli nell'anno 1632 ove trapassò nel 1705, avendo 73 anni di età, e vedesi il suo sepolcro nella Chiesa di S. Brigida innanzi la cappella di S. Niccolò di Bari, da lui anticipatamente dipinta.

l'Italia opere esistevano de' più celebrati maestri dell'arte, non potè signoreggiare la sua irresistibile passione: quindi colà segretamente si reca, e studiando le opere ammirevoli delle logge del Vaticano, e formandosi su quelle di Leonardo, di Michelangelo, di Andrea, e di tanti altri sublimi maestri, (1) acquistò quello stile proteiforme, che i più accorti artefici attoniti ammirarono nelle opere stupende di lui. Dopo le tante opere pubbliche eseguite con somma celerità (2) e con molto sapere, la sua fama di valoroso

(1) Il Bellori parlando degli studi del nostro Giordano soggiunge, che *qual ape ingegnosa libando da' fiori delle opere de' migliori maestri componeva il suo mele.* Ed in quanto al suo stile sorprendente d'imitazione, basta solamente ricordare che il Re di Spagna mostrandogli un quadro del Bassano gli esprimeva il gran dispiacere di non possedere una seconda opera dello stesso pittore: un giorno dopo il Giordano prese una tela vecchia e vi dipinse una composizione di maniera del Bassano, la quale collocata nella galleria del Monarca fu creduta da' più periti conoscitori un eccellente lavoro di quel maestro; e non si chiarì l'equivoco se non dopo le certe pruove, che Giordano diede di averlo recentemente dipinto egli stesso.

(2) Il padre di Luca vendeva a caro prezzo i disegni e gli abbozzi fatti dal figlio, e pressavalo vivamente a lavorare dicendogli: Luca fa presto, espressione che gli restò in soprannome. Si afferma, che per fare più presto adoperava talvolta le dita invece del pennello, e che un giorno lodandosi dalla Regina di Spagna i fiori dell'Abate Belvedere, il Giordano presi colle dita i colori ch'eran sulla tavolozza, come per incanto gli rimescolò in modo che uscirono da sotto alle sue dita de' sorprendenti fiori: e poco dopo lavorando alla presenza della stessa Regina dipinse quasi in un minuto il volto di sua moglie assente, che la Regina aveva desiderio di conoscere. La Sovrana che credevalo in tutt'altro occupato fu sì incan-

pittore si estese con velocità pari alla facilità con che conduceva i più grandi suoi lavori. La corte di Spagna lo impiegò a dipingere le volte ed il grande scalone dell'Escuriale, ove eseguì con tanta speditezza e successo le ricevute commessioni, che gli meritarono l'affezione del Monarca delle Spagne Carlo II, il quale lo creò cavaliere, lo rimeritò con diversi impieghi, ed elargi le sue munificenze agli altri individui della sua famiglia (1). Con eguale stima e favore fu trattato da Filippo V, che non solamente gli fece terminare le diverse opere intraprese, ma il confermò al suo servizio. Il Giordano affezionato d'altronde alla sua patria implorò ed ottenne il permesso di ritornare in Napoli, ove si restitui preceduto da una rinomanza cosi grandiosa ed estesa, che appena poteva corrispondere ad una tenue parte delle moltissime richieste che gli venivan fatte. Vuolsi che una delle tante richieste, alle quali egli soddisfece, sia stata quella di dipingere nel coro della Chiesa della Solitaria la dolentissima

tata di tale istantanea destrezza, che toltosi dal collo un superbo vezzo di perle lo donò al Giordano perchè ne facesse regalo alla sua consorte.

(1) Un di lui figlio fu fatto capitano di cavalleria, ed un altro nominato giudice nella vicaria di Napoli. Le di lui figlie vennero onorevolmente maritate ad alcuni cortigiani con vantaggiosi posti per dote.

**

posizione di croce, che ci accingiamo a descrivere,
ndotta con tanta arte e freschezza di colorito, che
en collocata fra le opere più insigni di questo va-
ntissimo maestro, e fra le prime che si conser-
ino nel real Museo.

La ferace immaginazione di Luca si trasporta
ill' arida vetta del Calvario, ed ispirata dal su-
ime subietto da esprimere ci presenta con la più
evata e patetica composizione la estinta salma del
[GNORE dell'universo nel momento che Giusep-
e d'Arimatea, Nicodemo e due altri fedeli la
epongon dal nobilitato patibolo al cospetto della
nmensamente addolorata Madre e delle desolate
[aria di Cleofa, Salome e Maddalena. Questa luttuo-
ssima rappresentazione vien rischiarata dallo splen-
ore di un gruppetto di Cherubini posto a sinistra
ill'alto del quadro : in lontano una figura velata
ie attonita osserva quel che qui si passa, ed un
ildato a cavallo armato di lancia ed usbergo in
tto di andare, mostra il compimento del consumato
eicidio.

Tutto è verità e sentita espressione in questa
aboratissima composizione: Nicodemo, abbenchè ca-
uto ed avanzato negli anni, stando ancora su d'una

scala, a tutta possa sostiene il Salvatore per sotto alle
braccia, nel mentre che Giuseppe di Arimatea ca-
lato già dall'altra scala, che ancor regge presso della
croce un suo seguace, premuroso il raccoglie per le
cosce, con l'aiuto di altro fedele che posto a giuoc-
chio si affatica a distendere al disotto del corpo un
largo lenzuolo. È questo ammirevole e principal
gruppo eminentemente lumeggiato dallo splendore
de'Cherubini, in contrapposizione dell'altro gruppo
posto quasi in ombra della Vergine Santa e delle
Marie. Qui però resti compunto nel mirare l'intenso
dolore della Santa Madre al cospetto dell'estinto suo
Figliuolo; e la desolazione di Maria di Cleofa e
di Maria Salome che lagrimando riguardano nel loro
Signore e ne deplorano amaramente la morte; nel
mentre che vedi Maddalena in ginocchio distruggersi
in pianto su'chiodi che ha raccolti fra gli altri strumenti della cruda passione posti sopra e presso di
scabroso greppo. E qui ebbe a vanto il nostro Giordano di scrivere il suo nome *Jordanus F.* quasi
volesse esprimere, che i mancamenti di sua vita
avevan contribuito quali strumenti all'amarissima
passione del Redentore.

Giovambatista Finati.

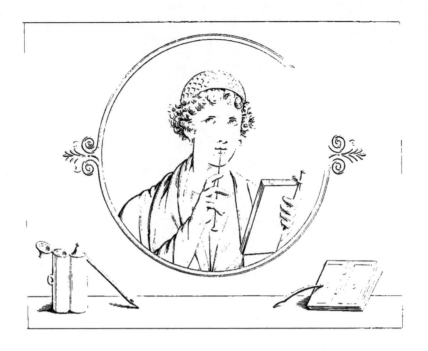

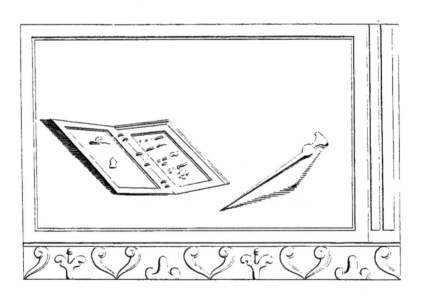

Josef. Marsigli del. et sculp.   N. direx.

DUE ANTICHI AFFRESCHI.

DOBBIAMO alle scavazioni di Civita i due impor-
tantissimi dipinti che qui pubblichiamo. Il primo,
tratto fuori dalle maccrie vulcaniche nel maggio del
1760, presenta come in un medaglione il ritratto a
mezzo busto di leggiadra donna in atto di meditare
ciò che va per iscrivere sulle pugillari giallastre annodate in cima da un nastro nero, che ha appre-
state nella sinistra, accostando con la destra vagamente atteggiata la punta dello stile color di ferro
alle labbra; momento egregiamente indovinato per
esprimere con gran verità quello istantaneo raccogli-
mento che ordinariamente precede in chi vuol dar
principio a qualche suo componimento. Contribuisco-
no non poco alla verità di questa espressione l'inde-
cisa sua fisonomia, gli occhi rivolti a destra, le nari
alquanto aperte, le labbra non interamente chiuse;
e la sua bionda chioma vagamente inanellata e coperta di aurato reziolo, i suoi orecchi ornati di sem-
plicissimi cerchietti di oro, la sua tunica verdastra
ricoperta da un manto color violetto spargono di uno

studiato contegno, ma che sembra naturale, tutta la
sua persona. Posti al di fuori del medaglione sono
da osservarsi attentamente a sinistra del riguardante
due vasetti cilindrici color di rame addossati con i rispettivi coperchi, de' quali uno è aperto e reggesi
per la cerniera che l' unisce all' orlo del vasetto, e
presso dell' altro chiuso sta appoggiato un calamo,
o cannuccia, simile ad una nostra penna temperata.
A dritta è dipinto un libretto forse anche di pugillari, avente nel mezzo di ciascuna un rialto circolare; e presso di una di esse sta pure altra cannuccia simile alla precedente.

Nell'altro affresco scoperto nel giugno dello stesso anno è dipinto parimente un libretto aperto di
colore oscuro e col margine color giallo disseminato
di alcuni segni cenericci indicanti le lettere, avendo
in mezzo di ciascuna pagina o tavoletta il solito rialto, ed alquanto discosto uno stile color di ferro,
acuto nell' estremità inferiore, e piatto nell' altra.

Sarebbero sufficienti questi due affreschi per
dar conto di quanto concerne la doppia maniera di
scrivere degli antichi tanto sopra i papiri, che sulle
pugillari; poichè que' due vasetti di rame addossati e col calamo dappresso sembran esser quella *teca*

atramentaria μελανοδοχειον, ossia calamaio, necessario alla scrittura sul papiro; e quelle tavolette con
gli steli rispettivi appartengono senza gran tema di
errare alle tanto famigerate pugillari, ossia alla
scrittura sulla cera distesa su di apposite tavolette
di bronzo, di bosso, di cedro e di altri legnami,
oppur sulle pelli di antichissimo uso presso de' Greci e de' Romani (1); ma ci riserbiamo di parlare
appositamente di tutte queste cose allorchè pubbli-
cheremo la pingue suppellettile scrittoria, che unica
e preziosissima si serba nella officina de' papiri ercolanesi del real Museo. Notiamo nonpertanto in
queste passeggiere osservazioni, che gli antichi per
delineare le lettere coll'inchiostro (2) si servivano,
come abbiam veduto, del calamo scrittorio, qual è
appunto quella specie di cannuccia qui dipinta a
guisa della nostra penna temperata, attingendone
l'inchiostro dal vasetto che qui vedesi aperto; e
che l'altro vasetto chiuso potrebbe essere la *teca
calamaria*, ossia pennaiuolo, ove si riponevano i
calami; ma se si consideri che il calamo che
vi è dappresso è più alto della teca, potrebbe più

(1) Polluce X. 57 e segg.
(2) V. Plinio XXXV. 6 sulle diverse maniere di far l'inchiostro.

verosimilmente in esso riconoscersi un altro calamaio con inchiostro di altro colore, e forse rosso, di cui facevasi uso soprattutto ne'titoli de'libri, e segnatamente delle leggi, onde *libri rubricati* venivan detti da'dotti (1) i libri legali.

Molto ci sarebbe ancor da notare sulla diversa forma de'libri; ma tralasciando ciò che riguarda la notissima forma cilindrica appartenente a'pàpiri, notiamo di leggieri ciò che risguarda il libretto bislungo qui dipinto, il quale altro non ci sembra che un aggregato di pugillari congiunte insieme, val dire un *polittico* composto di più tavolette unite con gangheri o anelletti l'una all'estremità dell'altra, in maniera che spiegate formassero una lunga filza, e nel piegarsi l'una covrisse l'altra: e qui osserviamo che quel rialto circolare, che costantemente vedesi nel mezzo di ciascuna tavoletta, sia stato accortamente introdotto per impedire che la facciata di una pugillare si attaccasse all'altra, ed evitare che la cera col toccarsi confondesse le lettere. Supponghiamo in oltre che quella specie di nastro annodato nella sommità del libretto, che ha fra le mani la donna ritrattata, e pel quale nodo passa uno stile, tenga qui-

(1) Ovid. Trist. El. 1. 7, e Petronio cap. 46.

vi luogo di due ufizî, l'uno di vagina per riporvi
gli stili, come vedesi praticato per quello che passa
pel nodo istesso, e l'altro per tener ferme le pugillari allorchè vi si scrivea al disopra. E da ultimo
conchiudiamo queste transitorie osservazioni, dicen-
do che la preferenza data dal pittor pompeiano alle
pugillari e non già ad un papiro nel dipingere una
nobil donna che medita prima di scrivere, fa nascere
il sospetto che avesse voluto presentarci una giovane
innamorata, che cogitabonda si accinge a scrivere al
suo amante, poichè uno degli usi al quale le pugillari venivan destinate era quello de' biglietti amo-
rosi (1).

Giovambatista Finali.

_____

(1) Ovidio Amor. I. El. XXII, 23 e segg. Properzio III El. XXII, 20.

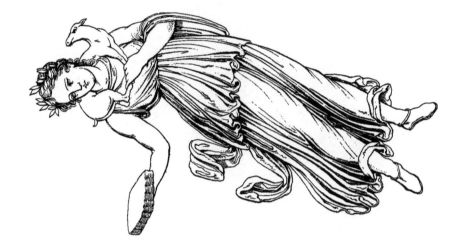

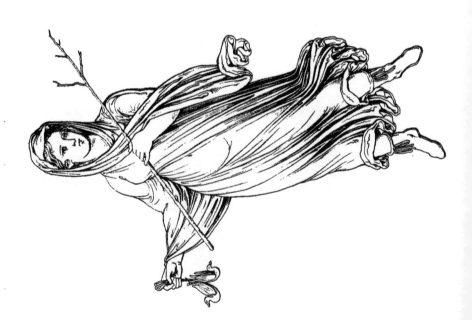

DIPINTO POMPEIANO.

Queste due figure che adornavano la dipintura
di una stanza de' Pompeiani rappresentano due gio-
vinette ministre a qualche cerimonia di religione.
La prima ha velato il capo (giacchè in segno di
venerazione verso i loro Iddii gli antichi si cuo-
privan la testa) (1), ha un ramo in mano da ser-
virle forse di aspersorio nelle lustrazioni, e tiene
con la destra due uccelli che sembrano due colombe.

L' altra figura tiene sul collo un agnello, di
cui stringe con la sinistra le gambe, e sostiene con
la destra un cestello tessuto di vimini atto a contenere utensili de' sacrifizî. Sarebbe difficile di determinare il culto della divinità alle cui cerimonie
queste due donne si accingevano a ministrare, e solo
osserveremo come la religione sensuale degli antichi si mescolava non solo a' loro affari, ma eziandio a' loro piaceri, e la rappresentanza delle loro
religiose cerimonie offriva mille invenzioni al pen-

(1) Cic. de Nat. Deorum, lib. 2, cap. 3. Plaut. in Amphit. Act. V. sc. 1, ver. 41.

nello de' loro dipintori , il che è tanto lungi dalle nostre costumanze, che senza un considerato studio dell' antichità, ci faremmo difficilmente a supporre tante gaie e leggiadre rappresentanze dell' antica pittura potersi riferire alla loro religione ed al culto delle loro Divinità.

Guglielmo Bechi.

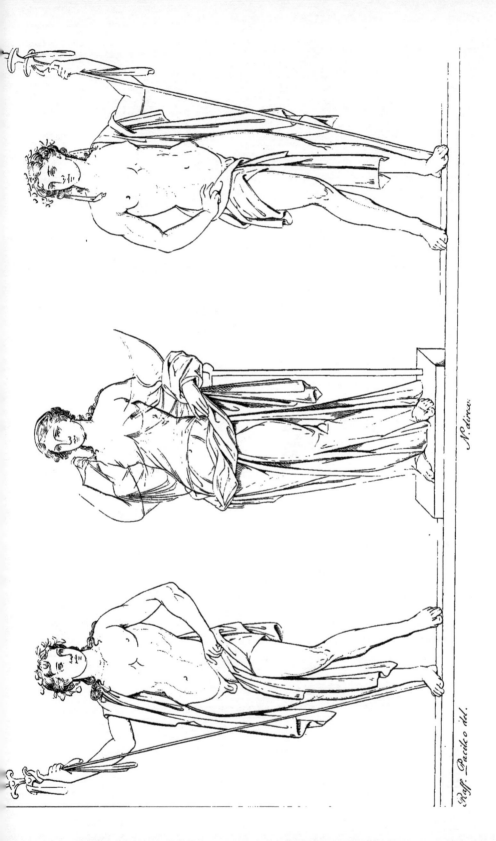

Raff. Pacileo del.   N. otteva.

Dipinto pompeiano.

Da una casa pompeiana abbiamo ricavato le tre figure di questa tavola. Chi sia quella donna leggermente velata fino alla cintura che pare in atto di spuntarsi la sottil tunica, e che in atto di leggiadria tiene nella mano sinistra un flabello (il ventaglio delle antiche donne), sarebbe difficile a dire. Seppure a qualche facile indagatore di qualunque siasi più arcana rappresentanza non cadesse in pensiero di chiamarla Frine, la empia beltà di Terpi, che a sedurre i suoi giudici fu dal suo difensore consigliata a mostrarsi nuda sfibbiandosi il tunico pallio. Ma chi si contentasse di questa spiegazione sarebbe più facile ad esser persuaso e sedotto de' giudici della stessa Frine.

I due giovani compagni a questa leggiadra ci sembrano due ministri alle orgie di Bacco, sostenenti due faci e coronati di corimbi la chioma. Che se qualcuno volesse chiamarli due simulacri di Bacco, sarebbe contraddetto dalla poca nobiltà di queste due figure che al bellissimo fra gli Dei de' gentili non sarebbe affatto conveniente. In somma a noi pare che sia molto più facile a dire quello che queste tre figure non rappresentano, piuttosto che ciò che vogliono significare , e saremo contenti a lodarle come spontaneo e quasi improvvisato prodotto del pennello di qualche antico frescante.

Guglielmo Bechi.

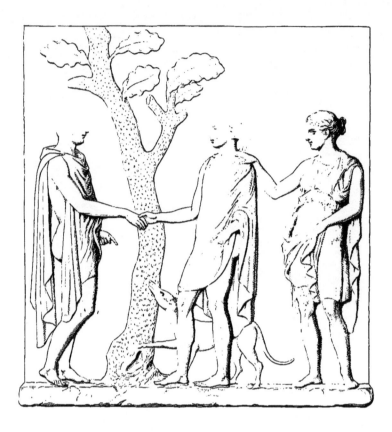

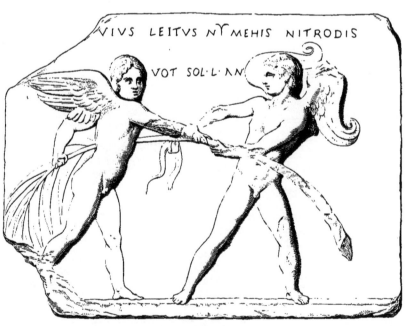

Due bassirilievi in marmo greco. *Il primo è alto palmi due $\frac{95}{100}$, per palmo uno e mezzo. Il secondo è alto palmo uno e mezzo, per palmi due.*

I due bassirilievi che abbiamo fatto incidere in questa tavola XXXIV appartengono, uno alla collezione farnesiana, e l'altro a' monumenti ritrovati in Ischia. Il primo presenta sotto di un albero due eroi che si stringono le destre, ed accennano coll'indice della sinistra in un cane ch'è fra essi: una donna pone la destra sull'omero manco dell'eroe ch'è a dritta del riguardante. Le vestimenta de'due uomini sono eroiche e del buon tempo di Grecia, consistendo in un sol manto affibbiato sull'omero dritto, e che si prolunga al davanti a guisa di una tunica: quelle della donna in una tonaca succinta con *ampeconio* gettato sulla sinistra spalla. Potrebbe questa bella e semplice composizione esprimer forse una federazione: l'artista per mostrare la vigilanza e la lealtà durevole che dee aversi in queste tali alleanze, ha espresso che i contraenti indichino il cane come simbolo della vigilanza e della fedeltà non indebolita dal tempo. Il cane si dà da' mitografi per compagno a Mercurio, il più vigilante ed astuto di tutti gli Dei; e tutti sanno che il cane di Ulisse riconobbe il suo padrone dopo venti anni di assenza.

Si legge nel secondo bassorilievo

.....VIVS LEITVS NYMPHIS NITRODIS VOT. SOL. L. AN.

Forse *Fulvio Leito volenteroso compie il voto alle Ninfe Nitrodi.*

Più sotto sono scolpiti due vivacissimi Geni che si disputano calorosamente un ramo di palma.

La salubrità delle acque nitrose d'Ischia attirava appo gli antichi gl'infermi a curarsi in quella isola, siccome anche si pratica a'giorni nostri : quindi voti ed azioni di grazie degli antichi a quelle divinità ch'essi credevano presidi e proteggitrici di quelle acque, e particolarmente alle ninfe tutelari assolute delle acque e de'fonti. Diversi altri bassirilievi letterati rinvenuti nella stessa isola d'Ischia, e che anche nel real Museo si conservano, provano questa assertiva. E qui è da osservarsi che Fulvio Leito ricuperata la salute dall'uso di quelle acque, non solo di buon grado scioglie il voto alle ninfe,

ma sotto della epigrafe mostra per mezzo de' due
Geni, forse l'uno della sanità, l'altro del morbo,
la gran difficoltà superata della sua guarigione,
mettendoli in vivacissima lotta nel disputarsi la
palma : seppure non siasi qui voluto ricordare la lotta fra Erote ed Anterote, nella quale
quest'ultimo è in atto di strappare un ramo di
palma ad Erote ossia Amore, espressa in antico
monumento, la di cui descrizione si legge in Pausania (1); tanto più che questo stesso soggetto trovasi rappresentato in un bassorilievo presso del
Montfaucon (2), ed in molte pietre incise che
sono citate dal Böttiger (3).

Questi due marmi di buona scultura romana
hanno molto sofferto dal tempo: la parte superiore
del primo è interamente perduta e mal supplita
dal ristauro ; e portiamo avviso che la scultura della
parte antica, che tuttora esiste, sia de' tempi di
Augusto imitante qualche buono originale greco. La
prima epiderme del secondo è molto corrosa, e
crediamo che oltre delle ingiurie ordinarie del tempo

---

(1) Lib. VI. c. 23.
(2) Antiq. expliqu. Tom. I, parte I, nella tavola inserita dopo la 122.
(3) Kleine Schrilten. Tom. I, pag. 162.

**

sia stato sott' acqua, che l'ha generalmente corroso.
Lo stile della scultura e de'caratteri sembra de'tempi
degli Antonini.

Giovambatista Finati.

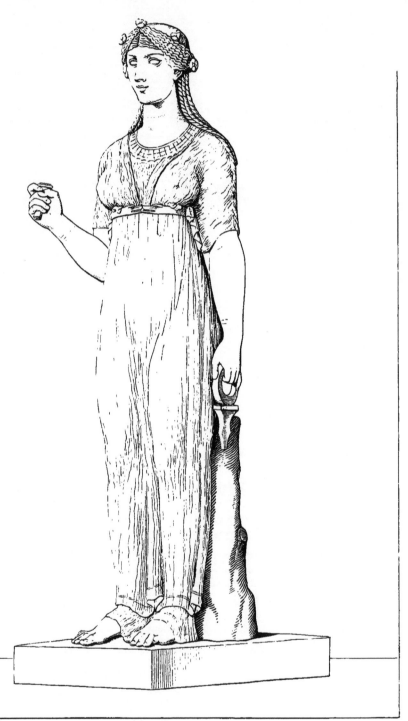

Iside *in marmo grechetto, alta palmi tre e tre quarti, rinvenuta nel Tempio d'Iside in Pompei.*

Sebbene il culto isiaco fosse stato più volte solennemente scacciato da Roma, e non avesse ritrovato protezione che sotto l'impero di Adriano, dopo l'ultima espulsione avvenuta a' tempi di Tito, pur non è da revocarsi in dubbio, che questo culto fosse stato in osservanza molto tempo prima di Tito presso de' Pompeiani: imperciocchè lo attestano non solo le iscrizioni e i diversi monumenti isiaci ritrovati sparsi nella loro dissepolta città, ma ne fa luminosissima pruova il tempio alla gran Diva egizia colà edificato, e dalle fondamenta ristaurato da Numerio Popidio Celsino dopo il memorando terremoto avvenuto al 63 di nostra salute regnando Nerone Augusto. E fu nelle scavazioni di questo tempio che si rinvenne la bella statua d'Iside che imprendiamo a descrivere, la quale era quivi in apposito luogo eretta dal suo devoto L. Cecilio

Febo, come leggesi nella seguente iscrizione incisa nel suo piedistallo

L. CAECILIVS
PHOEBVS
POSVIT . L . D . D . D

Col sistro nella dritta impugnata , del quale non resta che il solo manico, e colla chiave del Nilo nella sinistra abbassata ed aderente al lombo, è qui espressa la gran Diva dell' Egitto ricoperta di due prolisse e pieghettate vesti , la prima delle quali non ha maniche, si prolunga sino al suolo, lasciando comparire metà de' nudi piedi, e giunge dalla parte superiore sino al ricco monile che ha sul petto. È questo monile lavorato a piccoli quadrati, ed orlato di diversi pendagli , al centro dei quali è raccomandata una luna crescente con astro nel mezzo, che leggiadramente adorna il seno della Dea. La seconda tunica le giunge a' malleoli, ha larghe e corte maniche in modo che lascian nude le ritonde braccia ornate di smanigli : la parte superiore di queste maniche le resta assestata sulle braccia per mezzo di cinque piccole borchie, e la

sinuosità della parte inferiore si avvolge nella cinta
che passa sotto del seno della figura , e che fer-
masi nel mezzo per due teste di coccodrillo ; e
quasi diresti esser cosi combinate le maniche di
questo abito per obbligar le antibraccia della Dea
a rimanere aderenti a' suoi fianchi. Sono osservabili i cinque fiorellini che le ornano un secondo
ordine di capelli bipartiti sulla fronte e soprapposti
alla serpeggiante sua chioma , che disposta a cala-
mistri , come le ordinarie chiome isiache , vagamente le discende sugli omeri. E qui avvertiamo
che questi piccoli fiori , la capigliatura , il lembo
superiore della veste , ed i capezzoli delle mam-
melle erano indorati allorchè questa bella scultura
usci dallo scavo , siccome eran dipinti di rosso lo
smaniglio a dritta , le ciglia e gli occhi , il lembo
inferiore della seconda tunica , e 'l tronco cui è
appoggiata la statua ; delle quali dorature ora non
resta che il color giallognolo del mordente , e dei
dipinti non si avvertono che leggiere vestigia di un
roseo colore.

Quando anche l' indole di questo nostro lavoro
permettesse intrattenerci della storia di questa prima Deità dell' Egitto e del suo culto , come la gran

madre degli esseri, *che quasi femmina*, al dir di
Plutarco, *riceve in se le cause di tutte le ge-
nerazioni*, o ci concedesse il tempo di parlare
della prava e ridicola degenerazione di quel suo
semplicissimo culto, non che della storia della di
lei trasformazione in Grecia ed in Roma, e della
depravazione de' suoi misteri, avvolti da nefan-
dissime cerimonie; pure essendo cose molto ovvie
e note ci asterremmo di farne motto: come del pari
non parleremmo del mistico simbolo della luna crescente che le pende sul petto, del sistro usato nelle
sue orgie, che stringeva nella diritta, della chiave
o misura del Nilo, che porta nella sinistra, de'
nudi suoi piedi, nè de' sensi occulti che racchiu-
dono le pieghe delle sue vesti, e nè tampoco delle
due teste di coccodrillo simbolo del Nilo e della
umidità riguardata come uno de' primi agenti della
natura; ma non possiamo far di meno accennare
solamente i pochi argomenti che ci han determi-
nato a riconoscer nel nostro simulacro un'Iside
di greca imitazione.

Diodoro (1) ne istruisce che la trasformazione
d'Iside e del suo culto in Grecia fosse stata frutto

(1) *Bibl. hist. pag. 20 et seqq*

de' viaggi de' primi filosofi greci, che ridussero
alla favola la teologia e la fisica degli Egiziani :
questa favola divenuta un patrimonio de' sacerdoti
degenerò per di costoro malizia in un ammasso di
ridicole empietà, e fu fomite alla sfrenata licenza
della popolare ignoranza; quindi la moltiplicità
delle immagini della Diva, e di quanto aveva relazione a' suoi misteri, adattando e modificando e
le immagini e gli utensili a' costumi del tempo e
della vigente liturgia sacerdotale ; cosi non più
severità nelle forme, non più fermezza nelle attitudini, non più rigidezza negli isiaci abbigliamenti.
Erodoto intanto (1) afferma che ciascun egizio
portava due vesti, ed una ne vestivan le femmine,
distinguendosi così dagli uomini; ond' è che se la
nostra Iside non avesse altro distintivo che le sole
due vesti, sarebbe indizio sufficiente per dichiararla
greca ; su di che osserva il Winckelmann (2) che
l' antico storico abbia con que' detti parlato soltanto della sopravveste, senza por mente, che
trattandosi d' indicare un mezzo da far distinguere

---

(1) Ειματα των μεν ανδρων ἱκαϛος εχει δυο, των δε γυναικων ἑν ἱκαϛη. Euterp.
Cap. XXXVI.

(2) Storia delle arti del disegno Tomo I. lib. II. c. III. § 5.

le donne dagli uomini, Erodoto dovette essere
chiaro e preciso, comè notò il diligentissimo co-
mentatore di quel dotto danese. Le Isidi greche
adunque, indipendentemente dallo stile della scultura, e dalla materia in che sono effigiate, possono anche riconoscersi dalle due tuniche delle
quali son rivestite; e se per poco si rifletta che
gli artisti greci affatto non erano obbligati da
legge alcuna di religione a conservare quegli inal-
terabili lineamenti, e quelle determinate attitudini
e vestimenta, ma solamente ligati dal bello e dal
gusto de' loro tempi, si conchiuderà di leggieri
che simili monumenti non possono appartenere alle
arti dell' Egitto, ove gli artisti erano astretti per
religione a non alterare i tipi della Divinità e nè
tampoco le vestimenta loro.

Che che ne sia della dottrina ricavata dal
maggiore storico greco, e dalla inopportuna osservazione del Winckelmann, certo è che il marmo
del nostro simulacro non è orientale, ma bensì
delle cave di Grecia appartenendo al così detto
marmo grechetto; lo stile non è egizio, ma è
largo ed accurato; l'attitudine non è ferma, ma
di chi vuole stendere il passo per camminare; le

braccia non interamente accollate a'fianchi, essendone il dritto prosteso al davanti: le quali cose tutte
argomenti sufficienti ci sembrano a poter collocare
questo monumento fra que' di greca imitazione.

E da ultimo ci sia permesso di qui aggiungere, che gli ornamenti di questa figura, massime
i cinque fiorellini che le ornano il capo, lo stile
de' ciondolini del monile, le dorature, il colorito
delle diverse parti, ed il carattere della fisonomia
della Diva ci fanno riconoscere in questa figura un
monumento delle arti italiche presso che simile alla
Diana per noi pubblicata in quest'opera, e ad altri
non pochi monumenti pompeiani ed ercolanesi.

Giovambatista Finati.

**

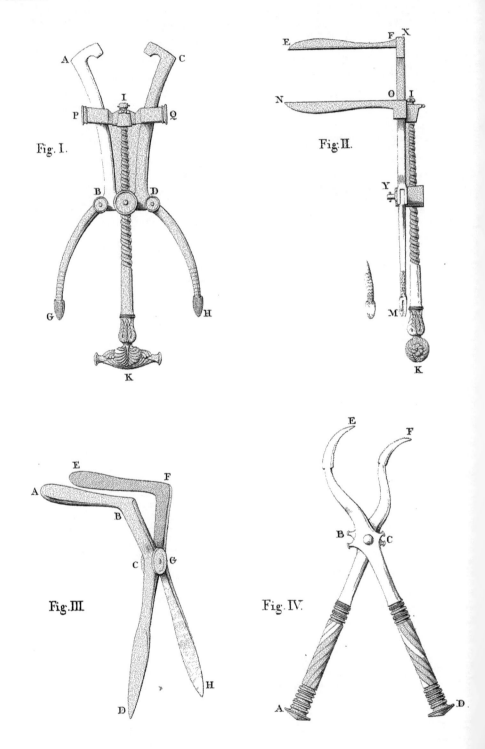

Fig. I.

Fig. II.

Fig. III.

Fig. IV.

STRUMENTI DI CHIRURGIA (*in bronzo*) *trovati in Ercolano ed in Pompei.*

La fig.ª I.ª rappresenta lo *speculum magnum matricis*. Questo istrumento, che è tutto di bronzo, è veduto di prospetto, con la vite in avanti e con le branche orizzontali indietro, situato verticalmente co'manubrî in giù come deve tenerlo in mano l'operatore allorchè, riunite le branche dell'istrumento, si accinge ad introdurlo nella vagina. La fig.ª II.ª ne mostra il profilo.

Nella fig.ª I.ª *AB* e *CD*, ciascuna lunga pollici 4 ½, larga linee 4 ¾, della spessezza di linee 2 ½, sono due sbarre leggermente curve, le quali sono riunite come le due aste di un compasso, aventi nelle loro estremità *A* e *C* due prolungamenti, dall'estremo de' quali partono ad angolo retto due branche orizzontali. Una di queste branche è segnata di profilo con *EF* nella fig.ª II.ª in cui *XY* rappresenta una delle sbarre o sia la *AB* della fig.ª I.ª Ciascuna branca è lunga pollici 3 e linee 4, larga 3 linee: la spessezza nel

loro mezzo è di 3 linee, mentre i margini terminano a taglio.

IK tanto nella fig.' I.' che nella II.', rappresenta la vite lunga 7 pollici e 2 linee, avente nella
parte spirale il diametro di linee 3 $\frac{1}{2}$. Essa tiene il
manubrio *K* in cui veggonsi due foglie ben cesel-
late, una nella parte anteriore, ed un'altra nella
posteriore. Il pane di questa vite non è triangolare ma quadrato.

Il pezzo *BD* nella fig.' I.', lungo 2 pollici,
largo linee 5 $\frac{1}{4}$, della spessezza di linee 2 $\frac{1}{2}$, è im-
mobile. Nel mezzo della sua parte anteriore sta so-
vrapposto un altro pezzo cilindrico del diametro di
linee 9, dell'altezza di mezzo pollice, che posterior-
mente (fig.' II.') termina in un perno lungo linee 7,
largo 3 linee, ritenuto per mezzo di un cuneo di bronzo largo linee 2 e lungo linee 4, conficcato nel perno.
In mezzo a questo pezzo cilindrico è scolpito un foro
circolare pel quale passa e si muove la vite. Questo
foro non è fatto a chiocciola come porterebbe la vite,
ma è liscio; e per far che la medesima salisse e
scendesse vi si trova infilzato un pezzetto di ferro,
il quale passando pe' due fori scolpiti a' lati del

pezzo cilindrico s'insinua tra i cavi della spira, e
cosi fa le veci di chiocciola (1).

Il pezzo *PQ*, lungo 2 pollici e 5 linee, largo
mezzo pollice, della spessezza di linee 4, tiene an-
teriormente un ringrosso dell'altezza di 6 linee in
cui è scolpito un altro foro, attraverso del quale
passa la parte estrema della vite senza spira, e che
uscita appena dal ringrosso tiene sovrapposto un al-
tro pezzetto *I* di maggior diametro, cioè di linee $3\frac{1}{2}$ e
dell'altezza di linee 3, ritenuto alla vite stessa con
un piccolo perno di acciaio. Lo stesso pezzo *PQ* a
destra ed a sinistra tiene due buchi quadrati per
dove scorrono le due branche, e riceve un movimento di elevazione e di abbassamento per mezzo
della vite *IK*, la quale passando pe'l foro scolpito
in mezzo al suddetto pezzo cilindrico termina dietro
di *PQ*. Nel mezzo della parte posteriore di questo pezzo *PQ* trovasi annessa la terza branca
orizzontale simile a quelle che sono nelle estremità
delle due sbarre *AB* e *CD*. Il profilo di que-

---

(1) Questo pezzetto di ferro nello scavo di tale istrumento eseguito in Pompei nell'anno 1818 fu trovato distrutto dalla ruggine. Vi si supplì con un pezzo
nuovo, come trovasi al presente.

sta terza . branca si scorge nella fig.ª II.ª segnata con *NO*.

La parte esterna di ciascuna branca è convessa, la interna è in forma prismatica triangolare. Da questa conformazione risulta che le tre branche allorchè si riuniscono nella parte interna si toccano con sei superficie. Dalla riunione delle tre branche, che combaciano perfettamente co' loro margini, risulta una specie di cilindro del diametro di mezzo pollice, ed alla distanza di linee 6 $\frac{1}{2}$ dal vertice forma un rigonfiamento della larghezza di 8 linee, in modo che termina in forma olivare.

Le tre branche nel massimo allargaménto non si trovano equidistanti, poichè tra punta e punta delle due superiori lo spazio intermedio è di pollici 3 e linee 2. Tra quella di destra (l'istrumento come si è detto dal principio è guardato verticalménte con la vite in avanti e co' manichi in giù) e la branca inferiore lo spazio è di pollici 3 e linee 4 $\frac{1}{2}$. Tra la branca sinistra e l'inferiore vi è la distanza di pollici 3 e linee 5 $\frac{1}{2}$ (1). Nel massimo allargamento delle branche lo spazio circolare tra

---

(1) Questa differenza probabilmente è stata prodotta dalla ossidazione del bronzo più in alcuni punti che in altri.

loro compreso tiene il diametro di poll. 3, e lin. 11.

Nella fig.ª I.ª *BG* e *DH* sono due manubri curvi aventi ciascuno nelle parti posteriori de' loro estremi *G* ed *H* una testa di serpente. Questa è rappresentata da *M* nella fig.ª II.ª Essi stanno uniti a cerniera con gli estremi laterali del pezzo *BD*, ed hanno un movimento limitato all' interno in modo che nel massimo avvicinamento rimane tra loro lo spazio di circa pollici 4. Ciascuno di essi misurato dal suo principio fino all' estremo della bocca del serpente è lungo pollici 3 e linee 4. Essi incominciano parallelepipedi, e così continuano per un pollice e 10 linee sino al sito dove principiano le squame del dorso del serpente. Da queste squame sino alla testa vi è un pollice ed 8 linee : la testa è lunga mezzo pollice e larga linee 3 ¹⁄₃. Ciascun manubrio incomincia con la larghezza di linee 3 ¹⁄₃ e finisce con linee 2 ¹⁄₃ nel collo del serpente. La spessezza nel principio è di linee 2 ¹⁄₂, e poco prima della testa di questo emblema di Esculapio è di 2 linee.

Descritto l' istrumento, ecco il modo col quale se ne fa uso. Tenendo fermi con la mano sinistra i due manichi *BG* e *DH*, con la destra che abbraccia il manubrio della vite *IK* facendola girare da destra a sinistra, il pezzo PQ si alza e con esso la branca che vi è annessa, mentre le due branche superiori si accostano, e così tutte tre avvicinate formano una specie di corpo olivare che s' introduce nella vagina. Dando poi alla vite IK un movimento da sinistra a destra, il pezzo PQ si abbassa e con esso anche la terza branca, mentre le due superiori si allontanano: con questo allargamento di tutte le tre branche la vagina rimane dilatata, ed attraverso dello spazio circolare posto tra le branche l' osservatore può vedere le alterazioni organiche della bocca e del collo dell' utero (1).

(1) Chiunque sia appena iniziato nell' arte di costruire le macchine, noterà subito la perfezione di questo istrumento e come adempia benissimo l' uffizio cui veniva destinato. Sarà in pari tempo preso da ammirazione pe 'l perfezionamento al quale era giunta la meccanica presso gli antichi a' tempi di Tito. Analizzando a parte a parte questo specolo si trova essere un lavoro meditato e fatto con tutte le regole della meccanica. Tra le altre cose piacerà di notare la seguente. Quella manovra della vite senza la chiocciola fa conoscere che si voleva (per quanto è possibile) evitare la resistenza fatta dall' attrito. Ognun sa che la vite a pane quadrato si considera presso i moderni come la miglior forma da darsi a questa macchina in quegl' istrumenti ne' quali si richiede la massima precisione nelle ricerche. E gli antichi possedevano già questa conoscenza, poichè l' aveano saputo bene applicare nella costruzione di questo specolo, col quale l' operatore dovea maltrattare il meno che fosse stato possibile la squisita sensibilità delle parti su di cui dovea operare. D' altronde in questo caso non si trattava di adoperar la vite per superare grandi resistenze, ma si guardava più alla economia della potenza, affinchè l' operatore non fosse stato obbligato a fare grandi sforzi con la mano. Il che si ottiene più con la vite senza la chiocciola, come lo è questa del nostro specolo.

Dalle cose fin qui esposte s'intende che lo *spe-culum* trovato in Pompei è composto da tre bran-che , e non già da quattro come ha creduto di vedere il ch. Dottor de Paolis nel disegno (perfet-tamente simile al nostro) che trovasi inserito negli *Annali dell'Istituto di corrispondenza archeolo-gica* pubblicati in Roma nell'anno 1842. L'accorto Autore però ha ben conosciuto (e lo ha fatto av-vertire) che la quarta branca dovea riescire assai incomoda. Io sono sicuro che se il dotto Medico romano avesse avuto presente l'originale di questo istrumento non sarebbe caduto in tale equivoco. Sti-mo altresì convenevole di avvertire che il nome di *speculum uterinum Celsi* scritto con questo titolo in quegli Annali non è bene adattato ; dappoichè Cornelio Celso ne' suoi otto libri di Medicina non ne fece parola alcuna. Tutti sanno che nel lib. IV cap. 27 *quod est de vulvae morbo*, evvi una lacuna. E chi sa se nel frammento perduto il diligentissimo auto-re , il quale scrivendo su di svariati argomenti rac-coglieva il meglio da tutti i libri, non ci dava con-tezza anche dell' istrumento di cui parliamo? Certa cosa è che in nessun luogo dell' opera sua, come a noi è pervenuta , se ne trova fatta menzione. Ed è

**

perciò che a questo istrumento appartiene il solo
nome di *speculum uteri.*

Questo *speculum magnum matricis* fin dal-
l'anno 1818 venuto fuori dagli scavi delle rovine di
Pompei, e che tanto ha richiamata l'attenzione del-
l'universale, non è che un *dilatatore della vagina.*
Esso era noto agli antichi ed a'moderni : ma in
questi ultimi tempi era andato in disuso. Archigene
presso Aezio parlò del suo *dioptra* di cui si serviva
per dilatare la vagina (1). Anche Paolo Egineta fa
menzione del *piccolo dioptra* per dilatare l'ano (2),
ed in altro luogo (3) parla del *dioptra* per l'utero.
Sembra dunque che dagli antichi era conosciuto lo
specolo a tre branche, la figura del quale trovasi
nelle opere di Pareo, di Vido Vidio, di Sculteto,
di Garangeot, di Dionis, di Brambilla e di altri.
Le figure dateci da questi autori sono molto simili
allo specolo pompeiano. Dalle quali notizie si rica-
va essere stato questo istrumento destinato a dilatare
la vagina, per cui gli compete il nome di *dilata-*

---

(1) *Aetii Tetrabiblo IV. comm. 4.° de uteri exulceratione Archigenis cap. 88.*
(2) Lib. VI cap. 78.
(3) Lib. VI cap. 73.

tore, e dilatando poteano vedere il collo dell'utero, onde altri lo chiamarono *speculum uteri* o *speculum magnum matricis*. Esso non è un vero *speculum*, o sia specchio; e di passaggio siami permesso di dire che è ben diverso dallo *speculum uteri* de' moderni inventato dal Sig. Recamier nel principio del secolo che corre, e quindi successivamente perfezionato. Lo specolo del Recamier consiste in un tubo di stagno o di altro metallo tanto ben levigato nella superficie interna, che riflettendo i raggi della luce provenienti dal collo dell'utero illuminato fa vedere lo stato del medesimo.

La fig.ᵃ III.ᵃ mostra lo *speculum ani* guardato di profilo ed un poco aperto.

Esso è di bronzo, ed è composto di due pezzi *ABCD* ed *EFGH*, de' quali le due parti inferiori *CD* e *GH* servono da manichi, e le due superiori *ABC* ed *EFG* piegate ad angolo retto in *B* ed in *F* formano le branche. Questi due pezzi sono avvicinati ed uniti l'uno all'altro per mezzo di una cerniera *CG*, e sono disposti in modo che quando i manubri si accostano, le branche allora si allontanano, e cosi allontanate dilatano il podice. Il massimo allargamento di queste branche nella parte in-

·na delle loro estremità è di un pollice ed una
1ea *AB* è lungo 3 pollici, ed ha la massima lar-
ezza di 5 linee; *BC* è lungo un pollice e 9 linee,
largo 4 linee; *CD* è lungo 3 pollici e 10 linee, è
·go linee 4. Delle stesse dimensioni sono le parti
ll' altro pezzo *EFGH*.

Questo *speculum* sotto il nome di *catoptero* era
·to ad Ippocrate, il quale nel libro delle emorroidi
: fa menzione colle seguenti parole, giusta la tra-
1zione del Foesio. *At si altius insederit tuberosa*
·ninentia per instrumentum, dilatandae sedi ac-
·mmodatum , CATOPTEREM *dictum* , *inspicere*
·ortet, neque ab eo decipi (1). Dalle riferite paro-
ippocratiche s' intende bene essere ancor questo
·eculum un *dilatatore*.

La fig.ᵃ IV.ᵃ rappresenta una tanaglia o *forcipe*
:tto di bronzo *a branche curve*. La lunghezza
·ll' istrumento preso per mezzo di una linea tirata
·ll' estremo de' manichi fino alla punta delle bran-
1e è di pollici 7 e linee 8 ½. Esso è composto di due
·ezzi, uno *ABF* l' altro *DCE*, i quali non sono
·castrati, ma il primo trovasi sottoposto al secondo

(1) *Hippocratis de haemorrhoidibus liber. Sect. VI pag. 170. Edit. Foêsii. Fran-*
furti 1595.

e sono uniti per mezzo di un perno. I manubri
AB e *DC* della lunghezza di pollici 4 e linee 11 $\frac{1}{2}$
al di sotto del perno incominciano quasi parallelepipedi per la lunghezza di un pollice e linee 11 $\frac{1}{2}$.
I due lati anteriori e posteriori (l' istrumento
si considera situato verticalmente) hanno nel loro
mezzo la larghezza di linee 4 , ed i due lati
esterni ed interni che ne formano la spessezza
hanno linee 3. Indi incomincia la parte cilindrica
del diametro medio di linee 4 $\frac{1}{2}$ e della lunghezza
di 3 pollici, de' quali nella parte superiore mezzo
pollice è tornito, un pollice e linee 9 $\frac{1}{2}$ è scanalato a spirale, ed il restante inferiore che è anche
tornito e terminato con un cappelletto è di linee 8 $\frac{1}{2}$.
Questo lavoro mentre serviva perchè l' istrumento
non isfuggisse dalla mano dell' operatore, si trova
fatto con la massima eleganza.

Le branche *BF* e *CE* non sono ugualmente
lunghe, poichè la *CE* per una linea tirata dal centro del perno sino all' estremo *E* è lunga polli-
ci 2 e linee 9 $\frac{1}{4}$, mentre la *BF* è più corta di linea
1 $\frac{1}{4}$. Esse nelle loro estremità hanno le dentellature
orizzontali e parallele. La branca *CE* tiene i denti
nella parte concava per la lunghezza di un pol-

e e linea 1 $\frac{1}{2}$: la *BF* li tiene nella parte con-
ssa per la lunghezza di un pollice ed una li-
a. Queste due branche nel sito dov'è il perno,
ltone le due appendici, hanno la larghezza di 8
iee, la quale gradatamente restringendosi fin dove
comincia la dentellatura arriva a poco più di 2
iee: quì la larghezza si aumenta un poco ed è
)co meno di 3 linee: quindi gradatamente si re-
ringe in modo che le branche terminano smus-
te. La spessezza nel principio dov'è il perno è di
nee 2 $\frac{1}{2}$, e si conserva sino all'estremo ove si trova
i linee 2.

I manubri (quando l'istrumento è chiuso) di-
ano l'uno dall'altro per uno spazio, il quale preso
nmediatamente sotto a' cappelletti è di un pollice
linee 5 $\frac{1}{4}$. Le due branche si toccano nel princi-
io delle dentellature, ma i margini inferiori delle
stremità dentellate lasciano tra loro lo spazio di una
nea. Il massimo allontanamento a cui possono
ortarsi i manubri è di pollici 7 e linee 5, preso
nche al di sotto de' cappelletti; quello delle bran-
he è di pollici 3 e linee 9.

È un poco difficile determinar l'uso di questo
)rcipe sul quale molti han detto molte e svariate

cose. Io sono di avviso che questo istrumento poteva servire 1.° a trarre da qualche picciola cavità frammenti e frantumi di osso, di dardi, ed altri corpi estranei ivi caduti; 2.° a prendere le arterie per poterle allacciare (1).

Riguardo al primo uso vedesi bene che l'istrumento ha tutte le condizioni favorevoli, principalmente le dentellature tanto opportune per afferrare i corpi e non lasciarli cadere. Avendo le branche curve si può meglio de' forcipi retti e della pinzetta adattare alle tortuosità che possono trovarsi ne' luoghi in cui i corpi sono caduti o sonovisi insinuati. Ed a me sembra che questo sia il forcipe di cui fa parola Cornelio Celso nel Cap. IV dell' ottavo libro di Medicina. Questo Autore trattando delle fratture del cranio con depressione dell' osso espone un suo singolare metodo di perforare in due o tre punti l'osso, e con lo scalpello recidere i tramezzi per procurare un'apertura a traverso della quale si potesse operare con un forcipe fatto a bella posta per prendere i frammenti

(1) Qui accenno le cose principali che ho un poco più ampiamente trattate in una Memoria che presenterò alla nostra R. Accademia Ercolanese di Archeologia.

ll' osso vacillanti. Ecco le sue parole : *Si qua*
agmenta) *labant, et ex facili removeri possunt*,
RCIPE (1) *AD ID FACTO colligenda sunt, ma-*
meque ea , quae acuta membranam infestant.
a il forcipe ercolanese sembra esser quello in-
cato da C. Celso; esso non è atto soltanto ad af-
rrare e sverre i frammenti vacillanti , ma siccome
l recidere le ossa o nel prendere que' frammenti
ssono cadere de' frantumi nella sottoposta cavità;
sì il forcipe medesimo poteva anche servire per
ccogliere i frantumi dell' osso i quali fossero ca-
ti nella piccola cavità. Questo forcipe avendo i
anichi molto lunghi fa che la mano dell' operare non impedisca di guardar bene entro la cavità
t cui estrarre si debbano i frammenti vacillanti
l i caduti ed ovunque approfonditi.

(1) FORCIPE, come trovasi nella esattissima edizione de' libri di medicina di
nelio Celso pubblicata da Errico Stefano, seguìto da' più accurati editori , ed
he dall' eruditissimo Targa: e non già FORFICE, poichè qui l' istrumento non
e recidere , ma prendere e raccogliere (*colligenda sunt*). La qual cosa poggia
l' autorità di Cassiodoro il quale nel Cap. IV della sua Ortografia così ci ha lato scritto: *Forfices secundum etymologiam debemus dicere , et scribere ; ut si*
ilo dicamus , F debeamus ponere , ut forfices , quae sunt sartorum ; et si a
t, per P ut forpices , quae sunt tonsorum . si a capiendo , per C ut forcipes,
quod formum copiant quae sunt fabrum ; Formum enim dixerunt Antiqui ca-
im.

Con questo forcipe a me pare similmente potersi estrarre un pezzo di piombo o di pietra lanciato
dalla fionda secondo il costume degli antichi, qualora si fosse conficcato nelle carni, come ce lo scrisse
Cornelio Celso (1). Anche Ambrogio Parco trattando
della estrazione delle frecce descrive un istromento
atto a tirar fuori dalle cavità delle ferite le picciole
punto de'dardi ivi rimaste, ed i pezzettini attorti-
gliati della lorica a maglie di ferro. In una tavola
presentando egli le figure di questi pezzettini offre
altresi quella del suo forcipe a becco corvino. E
chi fosse vago di consultare le opere di quel Ceru-
sico troverebbe la forma di quell'istrumento pres-
sochè simile al forcipe che hassi qui in disamina (2).
A questo forcipe ercolanese par che potrebbe corrispondere l'*ostagra* di Galeno il quale ne fa menzione trattando delle fratture della calvaria (3).
Anche di quest'*ostagra* ci ha parlato Paolo Egineta, il quale voleva che l'osso patito non si fosse
estratto tutto in una volta ma a parte a parte, se
è possibile con le *dita*, e quando con queste non

___

(1) Lib. VII. Cap. 5 n. 4.
(2) *Ambrosu Paraei opera chirurgica* Lib. X. Cap. XVIII.
(3) *Galen. methodus medendi* Lib. VI. Cap. VI. T. X. p. 151. Edit. Cart.

**

si riusciva si fosse fatto coll' *odontagra*, coll' *osta-*
gra o con la *volsella* o con altro simile istrumento (1). Or l' *ostagra* è anch' esso un forcipe (2),
ed il forcipe ercolanese avendo gli estremi margini
delle branche non più estesi di linee 2 potea anche
meglio dell' odontagra e della volsella (3) insinuarsi
nella piccola cavità ove non si avea potuto pene-
trar con le dita. Quindi è probabile che il forcipe
ercolanese corrisponda all' ostagra di Galeno.

L'altro uso, cui poteva essere destinato questo
bronzo, quello cioè di prendere le arterie per poterle ligare, è comprovato dalle dentellature del-
l' una e dell' altra branca similissime a quelle delle
pinzette di cui oggigiorno si servono i chirurgi per
lo stesso fine. È degno di avvertirsi che le dentellature non sono a lima, cioè a linee incrocicchiate,
perchè queste avrebbero potuto ferire o lacerare
l' arteria; ma ciascun dente è come un lungo prisma triangolare, di cui l' angolo solido situato in

(1) *Pauli Aeginetae* Lib. VI. Cap. XC.

(2) Ostagra οσταγρα, da οστεον *osso*, ed αγρα *presa*.

(3) Tra le volselle del R. Museo trovasene una delle più grandi, la quale
nelle estremità delle branche tiene i margini inferiori dentellati, lunghi 5 linee,
vale a dire 3 linee più di quelli del forcipe pompeiano. Delle volselle, ossiano pinzette, parlerò in altra occasione.

avanti e ch' è visibile, è molto ottuso e perciò in
capace di lacerare i corpi che dal forcipe restan
afferrati. Il testè citato Cornelio Celso ne' flus
di sangue prodotti da ferite e che non aveano po
tuto arrestarsi con medicamenti, propone la su
detta ligatura, e per eseguirla voleva che pr
fossero presi i vasi che tramandavano il sangu
Nè si contentava di una, anzi ne proponeva du
» *Quod si illa* (medicamenta) *quoque profluv*
vincuntur, VENAE *quae sanguinem fundunt A*
PREHENDENDAE, *circaque id quod ictum es*
duobus locis deligandae » (1). Ambrogio Pareo, cl
al pari del nostro Cav. Santoro in Napoli, fu
Francia il ristauratore del metodo di ligare le a
terie in casi di amputazione, nelle sue opere r
porta la figura di un forcipe per afferrare i va
arteriosi, il quale somiglia, principalmente per
branche, al nostro forcipe trovato in Ercolano (2

Benedetto Vulpes.

---

(1) Lib. V. Cap. 26. n. 21.
(2) *Ambrosu Paraei opera chirurgica* Lib. XI. Cap. 25.

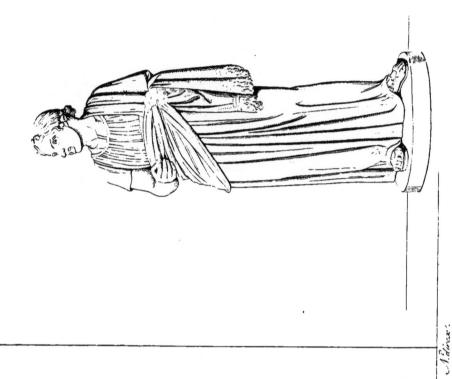

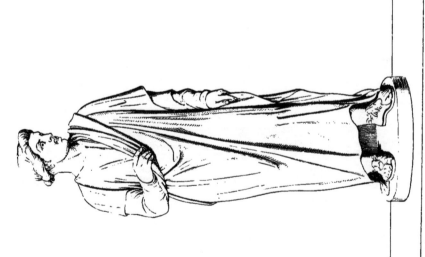

Due Istrioni in terra cotta, *il primo alto pal.* 4 ¾, *ed il secondo alto pal.* 4 ½, *ritrovati in Pompei.*

Che l'argilla sia stata la più antica materia su della quale si esercitò la scultura lo ha dimostrato il chiarissimo Abate Winckelmann al libro I. della sua storia dell'arte del disegno. Egli nello enumerare gli antichi monumenti in argilla esistenti ancora a'giorni di Pausania, soggiunge d'essersi ritrovati nell'antica già da lungo tempo sepolta città di Pompei quattro statue di terra cotta, che veggonsi nel Museo d'Ercolano (ora parte del real Museo Borbonico): due di queste, egli dice, alquanto minori dell'ordinaria grandezza umana, rappresentano due figure comiche dell'uno e dell'altro sesso con maschera sul capo....Or queste due statue abbiamo trascelte fra la estesa raccolta delle terre cotte del real Museo, e le pubblichiamo per questa tavola XXXVII, non già nello intendimento di voler pruovare per esse l'antichità della plastica, come sembra che abbia avuto forse in pensiero quel dotto Danese nell'annoverarle in sostegno del secondo capitolo del libro primo della storia dell'arte; poichè ben altri e più antichi monumenti e della nostra raccolta e di tante altre formate dopo il tempo in che il Winckelmann scriveva, potrebbero fornir materiali molto più acconci a pruovar quell'assunto: ma qui le pubblichiam solamente per la particolare importanza della loro grandezza, e perchè possono sempre più chiarire il teatro degli antichi, ed i suoi attori.

La prima di queste due figure posta a sinistra del riguardante è in atto di declamare sulla scena. Due tuniche la rivestono, avendo l'una maniche ben lunghe c l'altra molto corte: sopraimposto alle tuniche è un manto a larghe pieghe che inviluppa tutta la figura, e lascia solamente libero l'omero e 'l dritto braccio: questo poggia al davanti colla mano sulla piega del manto disposta quasi ad armacollo, nel mentre che il sinistro resta prosteso lungo il fianco, ed avviluppato in modo da raccogliere colla mano il lembo di una parte del manto che giunge sino al piede. Tal foggia di aggiustamento delle vesti combinata colla serietà dell'attitudine produce nella figura un carattere fiero e severo. I piedi sono calzati di ricchi sandali, e non

sapresti diffinirli se coturni tragici o socchi comici;
tanto più che la maschera che le copre il volto non
ha caratteri precisi a determinare se sia quella che
a Melpomene o a Talia si attribuisce: ed aggiungi
che l'atteggiamento della figura, ed il modo grave
con che è vestita fan dubitare se per essa un attore
tragico, oppure un comico si rappresenti.

L'altra figura posta a dritta di questa tavola
esprime un'attrice anche in atto di declamar sulla
scena. È dessa vestita di una lunga e prolissa tunica
a corte maniche : un manto fimbriato gettato
sull'omero sinistro le si avvolge alla cinta, e raccolto in parte sul sinistro braccio ricade per questo lato, lasciando osservare la ricca frangia di
che è adorno. I suoi calzari sono presso che simili
a quelli dell'altro attore, e la maschera che le copre
il volto sembra comica anzi che no. È osservabile
la fascetta annodata nel mezzo della fronte e che girando forma diversi cappi a guisa di fiorellini intorno
intorno alla testa ed a linea degli orecchi: tali particolari potrebbero far nascere il sospetto che questa
maschera quella fosse della meretrice descritta da
Polluce, che *ha la testa cinta di una fascetta di
vari colori;* i quali forse il figulo pompeiano in

difetto de' colori ha voluto indicare con que' diversi cappi ricacciati in giro della testa.

La grandezza di questi due bei e rari monumenti della plastica degli antichi, del pari che la loro conservazione, li raccomandano non poco alle osservazioni de' dotti, i quali anzi che trovarli di antico stile, vi scorgeranno al certo il fare del buon tempo di Augusto, il che si appalesa specialmente nel grandioso partito delle pieghe del manto dello attore e della tunica di quest' attrice; e portiamo opinione che amendue appartennero ad un istrione pompeiano, nella di cui modesta abitazione, non potendo essere espressi in una materia più costosa, furono eseguiti in terra cotta. E poichè in Pompei un teatro tragico ed un altro comico esisteva, come tuttavia esiste il di loro fabbricato con altre preziose reliquie d' incrostature di marmi e d' iscrizioni, sarebbe probabile che l' istrione pompeiano con qualche donna della sua famiglia fossero stati periti nell' una e nell'altra scena; tanto più che le due figurine danno indizi di appartener forse l'una alla scena tragica, ed alla comica l' altra.

Giovambatista Finati.

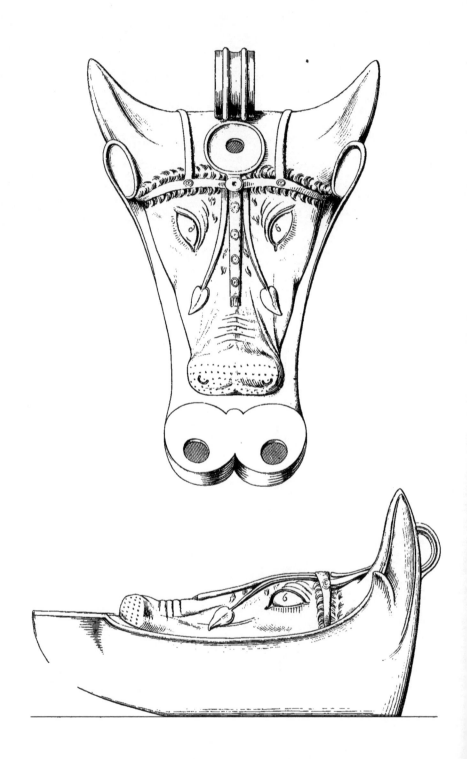

LUCERNA IN TERRA COTTA *alta sino al manubrio otto decimi di palmo, lunga palmo uno, e larga mezzo palmo.*

La copiosa collezione delle lucerne di terra cotta del real Museo venne negli scorsi anni arricchita dalla importante lucerna *bilicne*, ossia a due lumi, ritrovata bella ed intatta nello scavo di una casa pompeiana. La sua grandezza, la sua forma, e l'apparente bizzarria della maschera che vi è espressa ci han determinati a farla disegnare ed incidere in questa tavola XXXVIII. Essa appartiene alla classe delle lucerne sacre (1), ed è conformata a guisa di una testa di giovane bue, la cui maschera ornata di elegante testiera, dal mezzo della quale si protende sino alla metà del naso un infula frangiata, e fiancheggiata da due fiori a lungo stelo, vedesi vivamente espressa sul dorso della lucerna: il piccolo manubrio è ricacciato dalla parte

---

(1) La classificazione più ricevuta delle antiche lucerne si divide in quattro branche, cioè pubbliche, sacre, sepolcrali, e private.

✶✶

esterna verso la metà delle corna disposte a guisa
di luna falcata: nel mezzo di queste vedesi praticato un foro da servire per infundibolo dell'olio,
che pel vuoto della parte interna della lucerna giun-
geva ad animare, per così dire, i due lucignoli che
eran riposti ne' due becchi, che qui vedonsi sporti
al di là del naso della maschera stessa.

Ognun sa che estesissimo era l'uso delle lucerne (1) presso l'antichità; grande se lo riguardi
pe' bisogni pubblici e sacri, immenso per quelli dei
privati: del che non leggiera pruova forniscono i
nostri scavi e la numerosissima collezione del real
Museo, la massima parte della quale nelle private
case fu rinvenuta. E sembra non potervi esser dubbio, che la gran varietà delle forme e de' soggetti
in esse rappresentati non dipendea sempre dal ca-
priccio degli artefici, come ordinariamente si crede,
ma bensì dallo accorgimento de' medesimi, per te-
nerue sempre pronti degli assortimenti che relazione

---

(1) Sebbene il real Museo sia molto ricco di lucerne di metallo, pure la maggior quantità se ne ha in terra cotta; la qual cosa dee desumersi dal poco valore
della materia, che si adatta alla più generale condizione de' consumatori, e non
già, come alcuni han preteso, dalla maggiore antichità della terra cotta, nella
quale i primi lavori dell'arte furono eseguiti.

avevano a' riti ed a' culti diversi che erano in osservanza, o dal piacere e volontà di coloro che le
commettevano, ora ornate di particolari iscrizioni,
ora con misteriosi emblemi, ed ora con effigie di
numi domestici e tutelari; il che non sembra potersi agevolmente oppugnare, ove si esamini attentamente la collezione del real Museo, indipendentemente da tante altre. E per lo appunto a noi sembra
da un particolare ordinata la presente lucerna esprimente la testa di un giovane bue, che noi supponghiamo presentar le sembianze di Api (1).

Abbiamo più volte osservato col sussidio dei
monumenti quanto era in voga in Pompei il culto
isiaco, e che più famiglie di Alessandrini erano quivi
stabilite forse per ragioni commerciali (2): quindi
niente di più facile che un Alessandrino, o altro
devoto d' Iside, avesse fatto eseguire questa gran

(1) Api conosciuto sotto il nome di Osiride sposo d'Iside era adorato presso
gli Egizî sotto la figura di giovane bue, perchè credevasi che ne avesse presa la
forma, per salvarsi con gli altri Dei allorchè furono vinti da Giove. In quanto
a' particolari che dovevan distinguere questo bue, ed al suo culto, vedi *Euseb.*
praep. Evang. l. 3. c. 13.

(2) La bellissima casa del Fauno, o del gran musaico, apparteneva probabilmente ad un Alessandrino: vedi ciò che fu osservato nella relazione degli scavi
del volume VIII, allorchè fu scoperta questa magnifica abitazione.

lucerna a due lumi per rischiarare la sua abitazione;
e per mostrarsi anche in questo utensile devoto al
particolar culto di Api, vi avesse fatto effigiare la
maschera del bue, ornata di sacra infula frangiata
nell'estremità, e posta in mezzo a due fiori di loto
a lungo stelo affidati.

Giovambatista Finati.

lucerna a due lumi per r

e per mostrarsi

particolar   di Api

maschera del bue,

nell'estremità, e posta i

a lungo stelo affibbiati,

derivi da Vitru-
stanza per entrare
ri siasi smarrita;
ffendere, non te
iechi che faceva-
erma opinione in
hè in siffatta ma-
atleti hai lottato
che mi riguarda.
o in disegnare la
berti, di Serlio,
e quella faccenda
tracciare ancor io
ambiccava il cer-
il Signor Casas
gio di Grecia mi
suoi capitelli jo-
lle più belle vo-
colla creta e colla
ttura.
i quali servirono
della sua regola.
nfrontando quelle
le sposizioni della
issimili !
erenze più notabili
i ho posto in ultimo
he è la più Vitru-

Poligrafo).

*

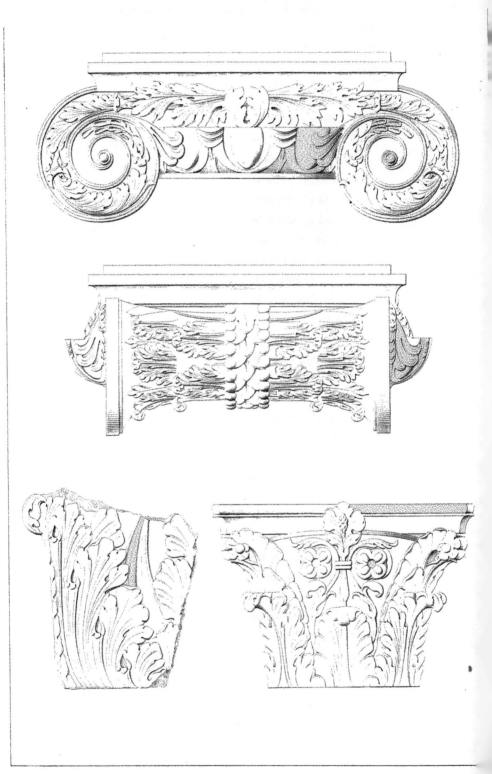

CAPITELLI E FRAMMENTO *in marmo grechetto.*

I due bellissimi capitelli e 'l prezioso frammento compresi in questa **XXXIX** tavola sono stati tra- scelti fra' più importanti della collezione del real Museo Borbonico, come i più analoghi a presentare un modello di un ottimo lavoro in fatto di ordine ionico e corintio. Il primo che abbiamo fatto dise- gnare ed incidere in due aspetti, n.° 1 e 2, provenien- te dalla gran Terma puteolana, volgarmente detta Tempio di Giove Serapide, accoppia al più purgato stile una perfetta conservazione in tutte le sue parti, e massimamente nelle due bellissime volute. Il se- condo segnato al n.° 4, a noi pervenuto dagli scavi di Pompei, è di una scelta squisita di forme, e di una esecuzione pari alla bellezza della composizione: le foglie di acanto sono leggiere e gradatamente in- curvate sotto gli angoli della tegola, ove lateral- mente formano un garbatissimo cartoccio; come il capriccioso fogliame che riempie il mezzo del ca- pitello è gaiamente annodato verso la sommità ad un lungo stelo, che diresti di tirso; e qui bipartendosi si ripiega in due laterali cartocci, lasciando piramideggiare la noce di pino in mezzo di elegantissima foglia. Il frammento inciso al n.° 3 presenta le più scelte ed eleganti foglie di acanto lavorate con tanta precisione ed amore, da persuaderci che gli scultori del buon tempo delle arti non lasciavano nulla di trascurato, anche quando il lavoro, per la lontananza nella quale doveva figurare, non dovesse cadere sotto attento esame.

Senza qui ripetere agl' indagatori della bella forma della voluta ionica le diverse opinioni su quest' oggetto, siccome siamo di avviso che niuno abbia trattato questa materia meglio del nostro egregio Presidente Cav. Niccolini, riportiamo testualmente la sua lettera diretta al Sig. Lampredi su di questo argomento.

Giovambatista Finati.

CHE vuoi tu che io ti dica, mio caro Lampredi, della memoria sulla voluta ionica che mi mandi per consultare il mio parere? Questa tua memoria riguarda il testo di lingua, e la pratica architettonica. —

Rispetto al testo, cioè ad interpretare se la sua oscurità derivi da Vitruvio, o dagli errori de'copisti, io non me ne intendo abbastanza per entrare nel laberinto in cui parmi che una folla di commentatori siasi smarrita; e relativamente alla pratica architettonica, non te ne offendere, non te ne intendi tu. Così che se te ne parlo, saremo i due ciechi che facevano alle bastonate senza colpirsi. Tuttavolta avendo io ferma opinione in quanto al testo, che il tuo schiarimento sia ottimo perchè in siffatta materia è nota la tua gagliardia, e tutti sanno con quali atleti hai lottato ed hai vinto (*), dirò quel che ne penso circa la parte che mi riguarda.

Da ragazzo consumai molta carta e molto tempo in disegnare la voluta jonica secondo i metodi di Leon Battista Alberti, di Serlio, di Vignola, di dell'Orme ec. e come sentiva dire che quella faccenda era un affare molto serio, farneticai non poco a rintracciare ancor io a mio modo la regola Vitruviana. E mentre mi lambiccava il cervello mi parve di acquistare un tesoro allorchè il Signor Casas insigne architetto francese ritornando dal suo viaggio di Grecia mi permise di disegnare e lucidare tutti gli studî de' suoi capitelli jonici, e di formare ancora col gesso una dozzina delle più belle volute, che quel diligentissimo artista aveva calcate colla creta e colla cera sugli avanzi de' capi lavori della greca architettura.

Io diceva fra me -- il possesso de'monumenti, i quali servirono di norma a Vitruvio, mi daranno piena cognizione della sua regola. Ma il mio raziocinio, ahimè! svani, quando confrontando quelle volute mi accorsi che nessuna corrispondeva alle sposizioni della voluta Vitruviana, e che tutte erano fra loro dissimili!

Dalla seguente tavola potrai conoscere le differenze più notabili di alcune di esse esattamente misurate, alle quali ho posto in ultimo a confronto le misure della voluta di Palladio che è la più Vitruviana fra tutte le traduzioni.

(*) Fece tacere Perticari e Monti, *sul Fisicoso* (V. Poligrafo).

	Diametro della colonna nella sua sommità.	Altezza della voluta.	Larghezza della voluta.	Occhio della voluta.	Canale compreso il listello dove incomincia la voluta.	Numero de' giri della spirale.
Voluta del tempio jonico situato sull'Illisso - *parti*.	24	$17\frac{1}{2}$	15	$3\frac{1}{3}$	5	$2\frac{1}{2}$
Voluta del tempio di Bacco a Teo.	24	$13\frac{1}{3}$	12	$1\frac{3}{4}$	$3\frac{1}{5}$	3
Voluta del capitello jonico a Priene.	24	$12\frac{2}{3}$	$11\frac{1}{2}$	$1\frac{1}{4}$	$2\frac{1}{2}$	$3\frac{1}{2}$
Voluta del tempio di Minerva Poliade.	24	18	$15\frac{1}{2}$	$2\frac{1}{2}$	$4\frac{3}{4}$ (*)	$2\frac{1}{2}$
Voluta dell'jonico dell'acropoli di Eleusi.	24	16	14	$2\frac{1}{3}$	$4\frac{1}{4}$	3
Voluta Vitruviana secondo Palladio.	24	$12\frac{3}{4}$	$11\frac{1}{3}$	$1\frac{2}{5}$	3	2

(*) I due profondi canali di questa voluta con i loro ornamenti le danno apparenza che la sua spirale sia di cinque giri.

Più tardi riscontrai la stessa diversità in molte volute di Roma antica, ed in quelle degli scavi di Pompei, delle quali nessuna consente colla regola Vitruviana.

Vitruvio faceva i suoi libri per guidare fra certi limiti la fantasia sfrenata e la mano inesperta degli studiosi, e per formare con idee generali il criterio degli architetti, di che dobbiamo essergli infinitamente obbligati : e la regola che stabilì per la voluta è bella e buona quando si consideri come quell' *ovale* diviso da linee perpendicolari ed orizzontali praticato da' maestri nelle scuole elementari del disegno per assegnare a ciascuna sua parte la misura che deve avere presso a poco nella faccia umana la fronte, l'occhio, il naso, la bocca, il mento, cc. Ma se vi fosse chi si affatica a suddividere in altre guise quell' *ovale* presumendo di conseguire con ciò una regola per formare un bel volto, e di poter giungere ad esprimere con quel compartimento di circoli e di linee i diversi caratteri delle fisonomie, certamente costui comparirebbe esser fuori di senno. Eppure non altrimenti s'affaticano tutti coloro che cercano nella regola Vitruviana la voluta perfetta pel capitello jonico, di che Vitruvio medesimo, se tornasse al mondo, avrebbe onta, come di altre particolarità trattate da' suoi commentatori con profusione d'importanza male appropriata.

E veramente è da recar meraviglia che siasi fatto tanto rumore per canonizzare questa regola, mentre veggiamo che le più belle volute joniche precedono la sua esistenza, che da quelle non fu desunta, che non servì di norma alle belle volute posteriori di Roma antica, e che le infinite sue sposizioni recate dagli architetti e da' letterati moderni son tutte diverse! Ma fa più meraviglia ancora l'osservare che in tante indagini degli spositori, messa da banda la parte essenziale, siasi per lo più badato al modo meccanico della cosa, escogitando tutti il come debbasi muovere e stringere il

**

compasso per descrivere la spirale! Ciò mi fa ritornare sul proposito
dell' *ovale* praticato da' fanciulli per abbozzare la faccia *umana*.
L' artista che vuol delineare un bel volto, ne concepisce l' idea
ponendo mente all' espressione che deve avere ed al carattere del
torso e delle altre membra, colle quali star deve in armonia, e
ispirato dal genio che guida la sua mano, è tanto lunge col pensiero
da quell'*ovale delle scuole*, quanto ogni regola simile alla regoletta
di Vitruvio era lunge dall' idea dell' architetto che fece la superba
voluta del tempio di Minerva Poliade. Egli quando la creò ebbe
in mira il carattere dell' *ordine* che aveva immaginato, ed il fregio
del sontuoso capitello del quale formar doveva la parte principale,
e l' arricchì del doppio canale, del triplice listello e di quell' elegantissimo pulvino che la rendono sì bella. Così gli autori delle
altre belle volute nell' ideare la grandezza, il numero e il rilievo
delle spirali, animati dal sentimento medesimo che dava il carattere
agli altri membri dell' *ordine* da loro ad un tempo immaginati,
non riguardavano al modo meccanico di descrivere quelle spirali
con precisione che come cosa secondaria appartenente alla diligenza
e non alla immaginazione ed al gusto.

Ma dirai non essere nemmeno cosa da trascurarsi nella forma-
zione di una bella voluta il modo meccanico abbisognante per descrivere con precisione la sua spirale, come non trascura di avere
una buona sesta chi vuol tirare un cerchio con esattezza: e diresti
bene, se si trattasse di ricercare un tal modo fuori della regola Vitruviana. Ma debbo dirti all' orecchio, mio riveritissimo Lampredi,
che in siffatta ricerca gli spositori di quella stessa regola son tutti
fuori di via, perchè la parte meccanica di quella stessa regola è
basata sopra principî falsi. Cosa penseresti se a descrivere un cerchio esatto in vece di cercare una buona sesta si andasse in traccia
di una riga per formare un quadrato onde ridurlo ad ottagono ed

a figura di sedici, di trentadue, di sessantaquattro lati ec.? So che in siffatto modo si perviene ancora a formare cerchi apparenti, ma in sostanza falsi. E questo appunto è il caso: il perchè la voluta dev'essere formata *da una linea curva continuata, la quale avendo proprietà di scemare nel raggio mentre cammina, genera nel suo sviluppo la spirale che termina come incomincia con indole unica tendente a volgersi in se stessa e decrescendo sempre senza deviamenti fino al suo occhio:* laddove la spirale della voluta Vitruviana di natura in tutto contraria è composta di differenti parti di cerchio, ciascuna delle quali ha raggi eguali e centro diverso, e forma nel suo cammino tante picciole deviazioni che la rendono imperfetta presso a poco come il cerchio tirato colla riga. Nè vale il dire che le quarte de' circoli che la compongono hanno ne'loro contatti tangente comune mentre esse sono altrettante porzioni di cerchi differenti, le quali producono giri diminuiti a diverse riprese e non decrescenti in tutti i raggi, come richiede la natura della spirale.

Nè per altro motivo tanti spositori consumarono inutilmente il loro tempo in cercare il modo di formare la voluta perfetta colla sesta, che per la semplicissima ragione che i raggi della spirale son tutti diseguali e tutti eguali quelli del giro del compasso. In fatti non vi ha punto in una voluta ben formata in cui ponendo una punta della sesta e girando coll'altra si possa seguitare una minima parte della sua spirale: esperimento da me lungamente ripetuto sopra molte volute antiche e specialmente su quella del vestibolo dell' acropoli di Eleusi, la quale è abbastanza grande e ben conservata.

Quindi ho motivo di credere che gli architetti greci quando ebbero bisogno di formare una spirale esatta invece di cercare una regola, nota bene, siansi occupati in rintracciare uno strumento all' uopo adattato, che loro servisse come il compasso serve a descrivere i cerchi.

Ho detto che ho motivo di crederlo, imperciocchè mi trattenni

ad investigare il meccanismo di siffatto strumento , e giunsi a rin-
venirlo in modo che descrive spirali similissime a quelle , e potrai
vederlo delineato nel disegnetto quì annesso.   Esso ti convincerà
ad un tempo che ho pagato pur troppo anch' io il mio tributo alla
voluta Vitruviana , del quale tributo per altro l' ultimo obolo è questo che ora spendo per farti compagnia in tale fanciullaggine.   Del
resto sarei in contradizione con me stesso , se intendessi dire che con
tale strumento si possano formare belle volute: poichè , ripeto, nella
voluta jonica il bello deriva dal suo rapporto colle altre parti
dell' *ordine* al quale serve , e soltanto la esattezza della sua spirale
può dipendere dal meccanismo che la descrive ; quale esattezza non
può essere rinvenuta nella regola Vitruviana per la imperfezione dei
suoi stessi elementi , come parmi aver dimostrato. Quindi a mio
credere risulta la inutilità delle tante sposizioni che di quelle regole
si fanno ; inutilità doppiamente confermata dal fatto , perchè a
guidare la mano inesperta del fabbricatore volgare , una qualunque
siasi di simili regole è sufficiente , e l' architetto ingegnoso non ha
mestieri della regola Vitruviana per far belle volute , e molto
meno delle mille spiegazioni contraddittorie de' suoi spositori.

   Benedetta sia la voluta Vitruviana ! credeva aver finito, e mi
resta a dire che la spirale di Salviati nel suo andamento decresce di
raggio nel seguente modo : ponendo che i raggi partano dal centro
dell' *occhio* come centro comune di tutti i quadranti, e che il semi-
diametro dell' *occhio* sia diviso in nove parti eguali, il primo quadrante decresce parti nove , il secondo idem , il terzo idem , il
quarto idem , il quinto decresce parti sei , il sesto idem , il
settimo idem , l'ottavo idem , il nono decresce parti tre, il decimo
idem , l'undecimo idem , e il duodecimo idem.

   Le spirali degli altri spositori di Vitruvio decrescono nel raggio in diverso modo , ma tutte a sbalzi , nessuna degradatamente in

ogni quadrante, eccettuata la seconda di Vignola, la quale decresce gradualmente, ma nelle unioni de' segmenti non ha le tangenti comuni; a minorare il quale difetto il Barozzi divise la spirale in ottave invece che in quarte di cerchio.

Ma poichè in fine della tua lettera insisti per sapere quale spirale preferirei, ti dirò, che dopo la tua quella di Palladio, come accennai, mi pare la più Vitruviana, quella di Salviati la più bella, e quella di Vignola la meno difettosa.

Intendiamoci bene, e finisco -- mentre reputo superfluo ed inutile ogni ulteriore discussione sulla voluta di Vitruvio per la parte architettonica, dichiaro che sarei un profano se lo stesso dicessi per ciò che riguarda la parte letteraria; intorno alla utilità della quale e delle tante fatiche in essa spese lascio a te ed a' sapienti tuoi pari il giudicarne.

A. N.

VOL. XIV. TAV. XXXIX.

INDICE DELLA TAVOLA.

Compasso con tre giunture, le quali servono a slargarlo ed a stringerlo
rimanendo sempre in piombo il pezzo inferiore col cannello che porta la
Punta del lapis, la quale al di sopra del cannello ha una picciola molla che
la preme leggermente.

Asta fissa del compasso, la quale al di sopra è fermata perpendicolarmente da
un telaro con vite.

Coni, ossiano fusi a diverse degradazioni adattabili alle varie grandezze delle
spire. Questi fusi s'incastrano nell'asta fissa del compasso e si fermano
con due viti come si vede in *E*.

Cerniere per mezzo delle quali girano insieme il compasso ed il raggio in cui
scorre la gamba del compasso medesimo mentre gira.

Corda attaccata al fuso ed al compasso, la quale nel girare il raggio *F* tira
la gamba che porta la punta del lapis, e gradatamente stringendo il compasso medesimo descrive la spirale. Questa corda può essere formata con le
picciolissime catenelle che si avvolgono al tamburo degli orologi da tasca.

Picciolo rocchetto per avvolgere la corda finchè sia alla misura che si vuol
dare alla spira.

Rotino per situare la punta del lapis alla distanza dal centro corrispondente
al diametro dell'occhio che si vuol dare alla voluta.

*Qualora vogliasi fare una spirale ellittica basterà formare il corrispondente
fuso ellittico.*

*Potrebbesi ancora perfezionare tutto il macchinismo del compasso, poichè
quello accennato nel presente disegno non è che un saggio, dal quale,
per altro, costruito di legname in dimensioni quattro volte maggiori del
disegnetto, ho ottenute felicissime pruove fino a descrivere spirali di venti
giri con finissimi listelli.*

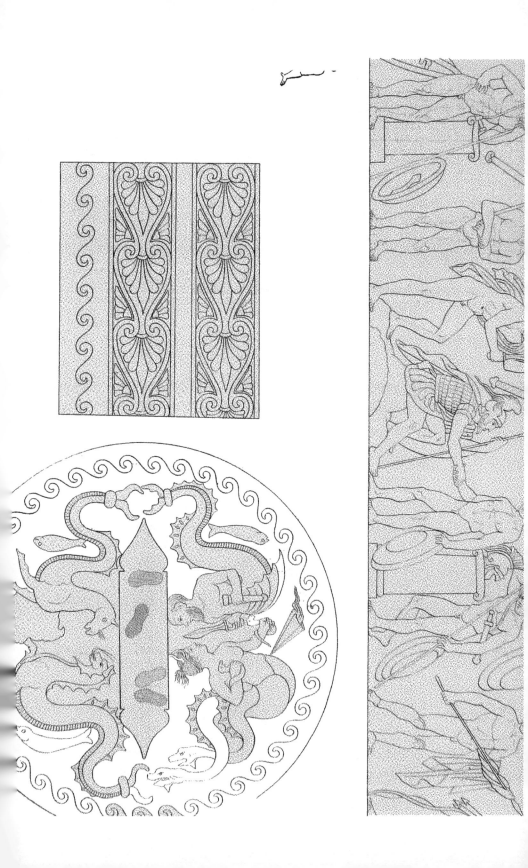

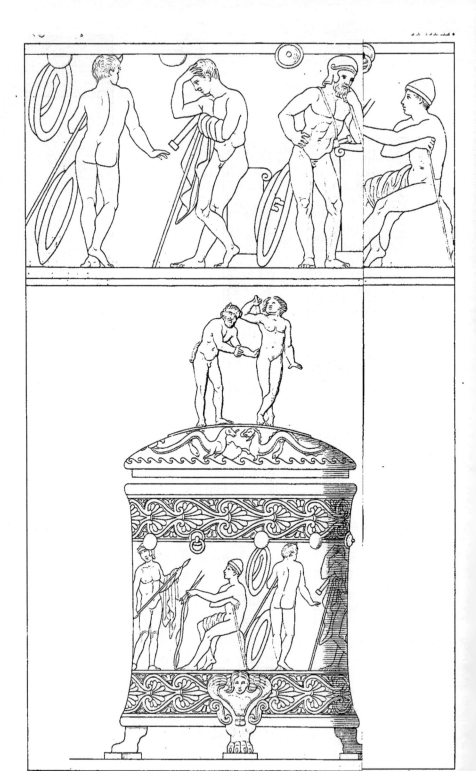

Cista mistica di bronzo *dell'altezza, dal gruppo che sta sopra del coperchio sino a' piedi che la sostengono, di un palmo e due decimi, e del diametro di otto decimi di palmo, proveniente dal Museo Borgiano.*

Leggesi nella nota 1 della tavola XLIII del primo tomo del Museo P. Clementino » Un bel monumento di siffatti riti (cerimonie delle orgie) è la cista mistica di bronzo che conservo presso di me. Fu rinvenuta nel territorio di Palestrina dentro una spelonca chiusa in tre arche di peperino o marmo albano.........Erano nelle stesse due patere, uno stilo ed uno strigile per le lustrazioni. La cista è simile a quella che si vede in tanti bassirilievi bacchici : è un vaso di bronzo di forma cilindrica, o piuttosto a cono troncato rivolto sossopra ; il suo coperchio è sormontato da un gruppo d'una Menade e d'un Fauno, che può servir di manubrio. Vicino alla estremità superiore del vaso è un giro d'anelli ne'quali doveva passare la catenella o il nastro per fermare il coperchio. Il vaso è retto su tre piedi lavorati in forma di mezze sfingi. È tutto ornato di figure graffite, quali s'incontrano sulle patere etrusche, e rappresentano il ricevimento degli Argonauti nell'armamentario di Cizico: quelle del coperchio, deità marine. L'essere stati iniziati a Bacco gli Argonauti per testimonianza di Orfeo, di Valerio Flacco e d'Apollonio Rodio, era forse la ragione per rappresentarli sulle ciste o altri vasi che servivano alle iniziazioni, per imporne maggiormente al volgo coll'esempio e colla riuscita di quelli eroi. Dentro v'erano un cavriuolo ed una pantera, animali bacchici attaccati al fondo, una cista minore ed un pezzetto di metallo che ha la forma di un prisma triangolare, ed è forse la stessa cosa che Clemente Alessandrino nel descrivere ciò che si contenea nelle ciste chiama piramide. Comunicai questo rarissimo monumento all'abate Winckelmann, il quale restò persuaso delle mie opinioni su di esso, anzi mi chiese il permesso d'inserirne la notizia nella sua descrizione delle gemme Stoschiane che stava pubblicando, come veramente lo fece alla pag. 269, benchè con qualche inesattezza: anzi avendogli fatto osservare, che attesa la somiglianza doveva esser pur anco una cista mistica un singolar vaso del Museo Kircheriano, approvò questo mio pensamento facendone al luogo stesso la distinta menzione.........»

Alla lettura della trascritta nota non poco dubitammo se si dovesse riconoscere nel nostro bronzo la stessa cista posseduta dal sommo Visconti, tanta essendone la simiglianza fra loro; e riflettendo alla tradizione che si ha dal Museo della Casa Borgia, donde ci pervenne la cista che abbiamo sott'occhio, di essersi rinvenuti nella medesima quantità maggiore di piccolissime figure e di oggetti affatto dissimili da quelli ritrovati nell'altra cista, vieppiù rafforzava la nostra dubbiezza; se non che imbattutici nella recente opera del nostro amico e collega Sig. Professore Gerhard sugli specchi etruschi abbiamo raccolto ch'egli pubblicando in tal rincontro le diverse ciste mistiche (1) assi-

---

(1) Gerhard (*Etrusker Spiegel*) conta dodici ciste mistiche di diverse dimensioni, finora rinvenute quasi tutte nell'antica Preneste, e sono le seguenti che hanno preso il nome de' loro possessori: 1.ª la Ficoroniana, 2.ª la Brædstediana, 3.ª la Peteriana, 4.ª la Casoliana, 5.ª la Borgiana (ch'è la nostra), 6.ª la Bonorelliana,

**

cura che la nostra cista, ch'è la Borgiana, sia stata
passata dal Visconti nella collezione di Borgia: ecco
le sue parole volte in Italiano » Ed in vero Visconti non doveva avere motivo alcuno di privarci
di quanto apparteneva al monumento Borgiano da
lui prima posseduto, non facendo menzione di
quelle statuette se ad essa cista mistica avessero
appartenuto ». Chiaro dunque appare, che la nostra
cista non solamente sia la stessa posseduta già dal
Visconti, ma che ad essa non appartengano i diversi
oggetti che la tradizione Borgiana voleva in essa
ritrovati. Ed a confermarci in questo divisamento
leggiamo nella stessa opera del Gerhard che » le
figurine della cista Pennacchiana di Bologna passarono nel Museo Borgiano. Lanzi vide dette
figurine nell' anzidetto Museo, ma non la cista,
che non più esisteva; imperciocchè dopo aver
descritte le ciste metalliche che gli erano note,
egli dice -- *Lo stesso intendo* (in quanto allo

7.ª la Townelliana, 8.ª la Reviliana, 9.ª la Kolleriana, 10.ª la Vaticana, 11.ª la
Pennacchiana, 12.ª la Beroliniana — Le figure graffite intorno al cilindro sono ora
eroiche (Argonauti ? Dioscuri ? Polissena ? Amazzoni ?) ora atletiche (armamento
di guerrieri ? Lottatori ? Pugillatori ?) ed ora bacchiche, come la Kolleriana, e la
Beroliniana.

stile toscanico) *delle molte statuette di un' altra cista riferita da monsignor Bianchini.........e che si conservano adesso nel Museo Borgiano »*. Ciò posto non sembra che possa revocarsi in dubbio che i molti altri oggetti attribuiti dalla tradizione Borgiana alla cista Viscontiana , a questa non appartengono affatto , e che quelli enunciati dal Visconti sono i soli rinvenuti nella nostra cista, e tutti gli altri riferir si debbono sì alla cista Pennacchiana veduti dal Lanzi , che agli altri ricordati dal Bianchini. Ed infatti, gli oggetti di ciste mistiche serbati ora nel Museo sono più da appropriarsi a quelli del Pennacchia e del Bianchini che agli altri enunciati dal Visconti. A maggior chiarimento delle cose sinora esposte abbiamo fatto disegnare ed incidere questo pregevolissimo bronzo (1) e ne diamo qui unitamente alla tavola incisa la corrispondente descrizione , del pari che l' elenco degli oggetti che appartener si supponeva alla detta cista , i quali confusi pervennero nel reale Museo Borbonico.

---

(1) Visconti lo riguardava come il più insigne monumento, e 'l più completo di tal genere fra' cinque simili allora conosciuti.

Stanno sul vertice del coverchio due figure nude, un salace Satiro barbuto che s'incurva alquanto e distende le mani per impadronirsi di una donna, minacciandola. Questa con folta chioma bipartita sulla fronte ha le gambe incrocicchiate ed alza con violenza la sua destra armata di clava, abbassando l'altra tutt'aperta come per difendersi dall'assalitore: l'espressione de' loro volti corrisponde perfettamente all'azione (1). Sullo stesso coperchio sono incisi dalla parte anteriore un cavallo ed un grifo marino con un pesce sotto la inarcatura del loro corpo; dall'altra un Tritone a volto satiresco imbrandisce nella dritta una spada tratta dal fodero che stringe nella sinistra, ed in sembiante minaccevole riguarda in una giovine Tritonessa, che gli sta dirimpetto, la quale stringe in ciascuna mano una serpe che le si avviticchia al corrispondente braccio: i suoi capelli acciuffati sul vertice della testa sono cinti da una foglia aquatica a guisa di sottil nastro sulla fronte, ove le estremità annodandosi restano elevate come un cerchio; il suo corpo si di-

---

(1) Inesattamente il Winckelmann parlando di queste due figure, che tengon luogo di manubrio del coperchio, dice: *sur le couvercle est Bacchus appuié sur un Faune, et autour du cylindre est gravé une Bacchanale.*

vide all' ingiù in due grandi serpi a bocca spalan-
cata ; e presso di lei si vede un mollusco, quasi
simile al *calamajo*, come nell' inarcatura del corpo
del Tritone è espresso un pesce simile a quelli os-
servati di sopra.

È in oltre leggermente graffito intorno intorno
alla parte cilindrica della cista l' armamentario di
Cizico, nelle di cui pareti stanno di parte in parte
sospesi scudi e parazoni. Cizico completamente armato di elmo, di usbergo, di scudo e di lancia sta
nel centro assiso su di un greppo in mezzo a nove
Argonauti, e fra questi tre are, sopra una delle
quali è posato un elmo. Il momento della scena
sembra quello che Cizico dopo di aver riforniti di
armi gli Argonauti gli accommiata, stringendo per
la destra uno di essi che l' è più vicino: e presso
che tutti riverenti par che gli manifestino la loro
riconoscenza (1).

I piccoli mistici oggetti che si dissero ritrovati
in questa cista, e a noi pervenuti dal Museo Bor-

---

(1) Il Sig. Gerhard nella citata opera non inclina a credere che le figure graffite sul cilindro esprimono il ricevimento degli Argonauti da Cizico principe de' Do-
lioni, ma piuttosto l' armamento di guerrieri per un' alta impresa concertata; come
l' elmo sull' ara indica il duce che hanno scelto.

giano, sono: due lioni, quattro asini, quattro lupi, cinque volpi, due buoi, una lepre, due conigli, due capre, due oche, due colombe, due galli, un'aquila con due aquilotti, due scorpioni, tre gruppi similissimi fra loro d'un uomo barbuto che porta sulle spalle un giovinetto, il quale stringe con le sue braccia la bocca dell'altra figura; due giovani nudi con piedi e mani unite, sostenenti sugli omeri una femmina in ginocchio, la quale lor copre il volto colle sue mani: per terra si vede un oggetto non facile a diffinirsi, forse un elmo o un frutto; un giovane nudo boccone e con le braccia aderenti a' fianchi e piedi parallelamente stretti, sostenendo sul dorso un gruppo simile al testè descritto di tre figure; un giovane nudo con le mani rivolte a tergo, sostenendo assisa sulle sue spalle una donna nuda co' capelli sciolti in atto di nascondersi il volto fra le mani; altro giovane nudo con le gambe unite e colla mano sinistra rivolta al dorso si copre la bocca con la dritta; due ripetizioni di questa stessa figura; una donna nuda con capelli sciolti, avendo i piedi uniti, la sinistra aderente al fianco, e la dritta chiusa e prostesa; altra donna con la sinistra a tergo e la dritta sulla bocca; altre tre ripetizioni della stessa figura; otto parti sessuali muliebri; tre pezzetti triangolari su de' quali è espresso un palmizio, appartenenti forse ad una collana; quattro mani chiuse; quattro teste di toro forate; una scala mistica a quattro scalini; una gamba; un piede di cavallo; un antibraccio; ed un braccio con mano fornita di manico (1).

Giovambatista Finati.

---

(1) Lo stesso Gerhard sull'uso degl'indicati oggetti soggiunge che alcuni sono relativi a Bacco, altri a' bagni per amendue i sessi, tanto più che i tritoni ed altri mostri marini che pur si vedono incisi sulla cista indicano l'umido elemento de'bagni.

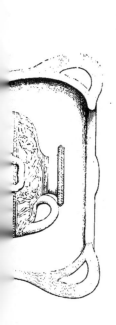

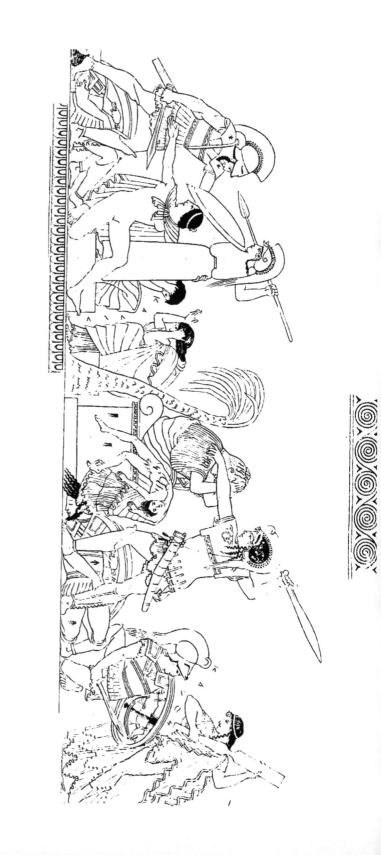

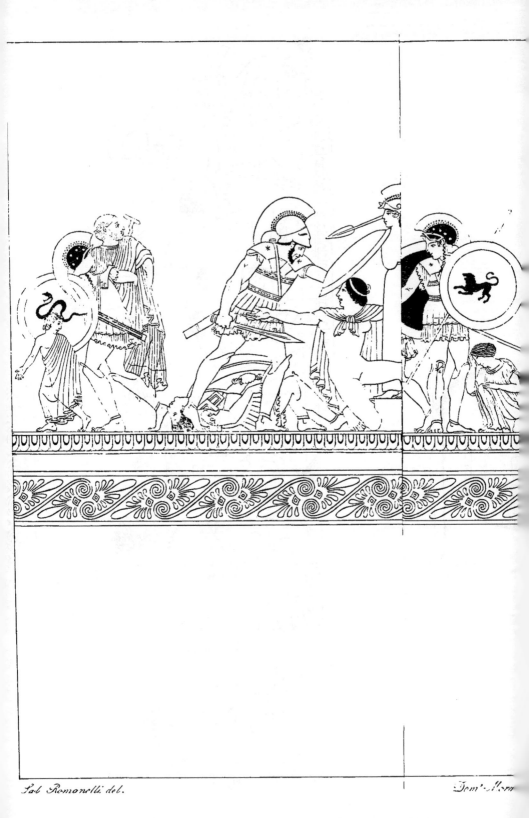

VASO GRECO DIPINTO.

Των προσωπων δε απασιν οιον επι συμφορα σχημα ε..

La faccia di tutti è come di gente colpita dalla sventura.

PAUSANIA lib. X cap. 27

TRA gli antichi vasi greci di creta pitturata uno de' famigeratissimi è fuor di dubbio quello che rappresenta i fatti della presa di Troia, monumento insigne dell'arte che, posseduto dalla famiglia Vivenzio, fu da essa venduto al Re di Napoli per diecimila scudi, e così pervenne al Real Museo Borbonico. Esso era stato disotterrato in Nola al volgere del 1797 in una tomba romana, dove, come ascoltammo dallo stesso suo possessore, serviva a contenere le reliquie di alcune ossa raccolte dal rogo, e con esse cinque balsamari di alabastro mezzo calcinati, ed una bella sardonica di greco stile, con sopravi un'aquila che andava artigliando riottoso dragone. Ed è notevole che siffatta stoviglia sia stata agli stessi antichi in tal pregio, che volendola difendere,

**

il più che potevano contro le ingiurie del tempo, la chiusero in altro vaso di più grossolana creta, che può ugualmente nel nostro Museo vedersi. Il primo a dar contezza di questo monumento stupendo fu il Gerning nel suo viaggio per l'Austria e l'Italia (1). Da lui n'ebbe contezza il Böttiger che ne parlò ne'suoi *Vasengemählde* (2); e finalmente il Millin il quale lo pubblicava nella raccolta del Dubois Maisonneuve (3), ma con disegno così imperfetto, che oltre alle tante alterazioni nelle teste, e nell'abbigliamento delle figure, due di esse vi mancano affatto. D'allora in poi fino a questo momento non v'è stato per così dire nissuno scrittore dell'arte antica, che non abbia parlato di questo vaso, sempre lamentando, che non se ne avesse per anco nè un fedele disegno, nè una compiuta spiegazione. Il perchè stimammo di darlo qui in tre tavole rappresentato, cioè l'intera composizione, sebbene più in piccolo, nella prima; e le sue teste alquanto più grandi nelle altre due.

Il vaso è a tre manichi, due sopra la pancia

____

(1) *Reise durch Ostreich und Italien* 1802, Tom. II, pag. 89.

(2) I, 64, e III, 29.

(3) Pl. XXV, e XXVI.

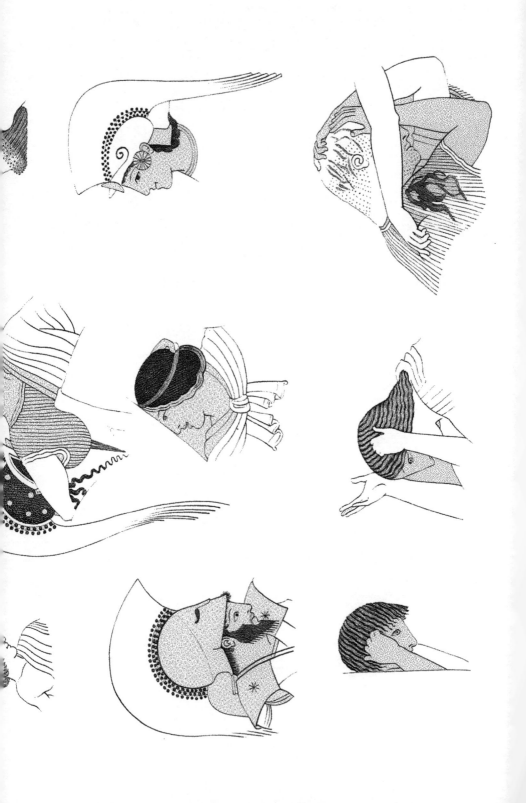

ed uno sotto la bocca : alzasi palmo uno ed once
sei, ed ha un diametro di palmo uno ed once otto
e mezzo, ed è delle più fine crete e delle più lu-
cide vernici, che siano uscite dalle antiche nolane
fabbriche, cosi in questa parte, come ognun sa,
commendate. Ma vince di tanto nella bellezza del
disegno e della composizione tutti gli altri vasi di
quella contrada, per quanto essi superano quelle
di tutte le altre fabbriche nella eccellenza del lucido
e dell'argilla. I personaggi sono condotti nello spazio
che corre tra i manichi della pancia e porzione del
collo sì, che l'intera scena vien chiusa da due
fasce di ornati al di sotto, da una al di sopra: e
chi volgesse gli occhi a'subbietti, vedrebbe subito
una paura, uno sgomento, una strage di vecchi,
di giovani, di donzelle; e chi abbracciarsi supplichevole alle statue de'numi, chi sedersi come per
asilo su gli stessi altari, quali fuggire inseguiti,
quali starsene a terra piangenti, o muovere a di-
sperata difesa, e tutto ciò fra il rotare delle spade
vincitrici, e i cadaveri sanguinosi de'vinti guerrieri.

Venendo poi all'argomento del vaso, primeg-
gia fra tutti il gruppo di Neoptolemo, che, avendo
con una mano afferrato Priamo, rifuggitosi sull'ara

di Giove Erceo ombreggiata da una palma, coll'altra
gli va vibrando colpi mortali, che tutto lo rimangono insanguinato. Sdegno e vendetta son dipinti sul
volto del greco, paura su quello del re troiano,
per quanto lascian veder le sue mani, di cui una
corre all' aspra ferita ricevutavi, e l' altra alla
fronte, quasi per velar la vista del colpo che
dovrà torgli la vita. Un morto guerriero giace ai
piedi di Priamo, mentre alle sue spalle, seduta
sopra la base dove innalzavasi la statua del nume,
una donna stracciandosi le chiome fa le più smanio-
se disperazioni. Questo gruppo trovasi in mezzo a
quattro altri, due quinci e due quindi. A tergo del
re vedesi Aiace, che vicino ad un guerriero spiran-
te raggiunge Cassandra che abbraccia la statua di
Pallade, sulla base di cui un' altra donna si sta
lacerando con le mani i capelli. Appresso vedesi
Enea che armato cerca fuggire con Anchise in braccio, ed è seguito dal piccolo Ascanio. Dall' altra
parte, nell' ultimo gruppo che contrasta col testè
descritto, si trova Ulisse che si sforza di far alzare
la renitente Andromaca dalla base, su cui siede, in
mentre che un altro Greco par che colla mano le
persuada a rassegnarsi al suo destino. A tale scena la

giovane Polissena, sostenendosi colla mano la fronte, va considerando come tra poco dovrà cangiare in vilissima schiavitù la sublime altezza del regio stato. L' ultimo gruppo, che trovasi tra questo e quello di Priamo è stato finora un enigma per tutti gli archeologi, epperò su questo mi piace dimorarmi alcun poco.

Esso componesi di una donna, che con un'arme sconosciuta vorrebbe finire il guerriero, che le sta davanti in ginocchioni, e che cerca difendersene coprendosi collo scudo con una mano, impugnando coll' altra la spada. Somiglia quell' arme a grossa mazza rotonda anzichè no, doppia un pochino più all'uno estremo che all'altro, ed ha in mezzo un incavo per potervi adagiar le mani, ove stringere il si voglia, ad alzarlo ed abbassarlo replicate volte.

Il Vivenzio vedeva in questa figura una lancia (1); Millin crede essere un giogo (2); Schorn, senza recarne nessuna propria, disapprova questa opinione (3), quantunque il Böttiger avesse egli an-

---

(1) Catalogo ecc. pag. 71.
(2) *Vases peints.* I, XXVI, 54.
(3) *Homer nach Antiken*, Heft IX, V, VI, 33 34.

cora trovato in quell'oggetto la somiglianza con un
giogo (1); Panofka lo prende per un istrumento formato da due ferri di lancia situati l'un contro
l'altro; finalmente il chiarissimo Raoul-Rochette,
solenne conoscitore degli antichi monumenti, con-
fessa con ingenuità essere un istrumento misterioso
di profonda significazione ed assai difficile a determinare (2).

Ora, che l'arme disputata non sia un giogo,
si fa chiaro non solo dall'essere dissomigliantissima
da tutti gli altri gioghi che ci rappresentano le pitture, e i bassirilievi antichi; ma anche dal solo
osservare che da una parte sia più sottile dell'altra, il che mai ne' gioghi si osserva.

Per l'opinione poi del dotto Panofka dirò col-
l'insigne Raoul-Rochette di non comprendere ciò
che potrebbe essere un istrumento risultante da due
punte di lancia, l'una messa contro l'altra, e che
Panofka stesso non siasi spiegato affatto sul suo uso.

Per me lo credo un pistello, e penso di poterne dare una compiuta dimostrazione. Ed in vero
la sua figura è quale al pistello si addice, cioè

(1) *Arch. d. Mahlerei* p. 341.
(2) *Mon.* etc. *Achilleid.* pag. 80.

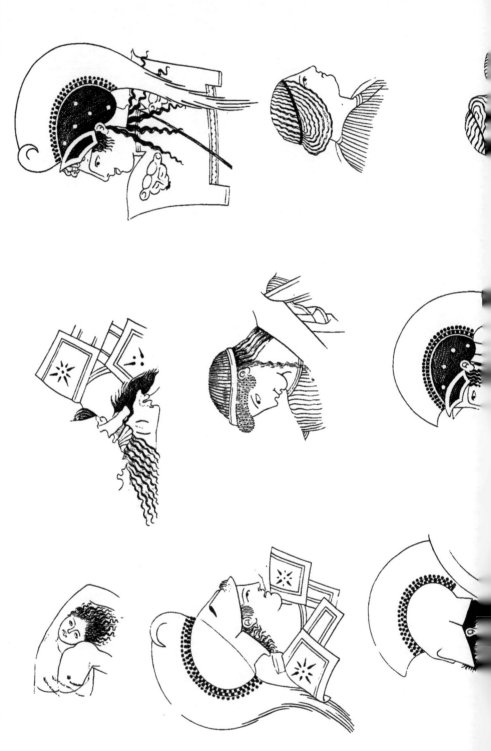

con due estremità di disuguale grossezza, atte a schiacciare corpi più o meno duri e resistenti, ed oltre a ciò con un incavo nel mezzo acconcio a prenderlo ed agitarlo. Esso chiamavasi *pilum* da' Latini, ὑπερος, αλιτριβανον, e δοιδυξ dai Greci: e serviva a schiacciare diversi semi. Ascoltiamo Popma (1): *Villatici opifices et ministri sunt molitores, pistores, coqui... Horum istrumenta, cum sint multa et diversa pro ratione artis et operae, recensentur inter cetera a scriptoribus rei rusticae, maxime a Catone, pila farraria, ad far pinsendum, pila fabaria ad fabam fresam, pila seminaria ad terendos seminum nucleos.* E Plinio (2): *Pilum fabarium, farrearium, seminarium, quo faba, far, et semina in pilo, sive mortario, feriuntur et tunduntur.*

Ma come, mi si dirà ed a tutta ragione, come mai un pistello avrebbe potuto essere così grande? Risponderò che non sempre si può giudicare delle cose antiche traendone induzione dalle moderne. Poichè gli usi, le arti, i mestieri, e tutto che all' uomo appartiensi, col volgere degli anni, a mille cangiamenti soggiace. Se dunque

(1) *De Instrum. Fundi.* cap. 7.
(2) *H. N.* Lib. XVIII, c. 16.

taluno maravigli della lunghezza di questo pistello ,
imparerà nientemeno che da Esiodo come non solo
gli antichi lo facessero di grandezza considerevole;
ma di tre cubiti eziandio. Ecco i suoi versi (1) :

Ημος δη ληγει μενος οξεος ἡηλιοιο
Καυματος ιδαλιμον μετοπωρινον ομβρησαντος
Ζηνος ερισθενεος , μετα δε τρεπεται βροτεος χρως
Πολλον ελαφροτερος · δη γαρ τοτε Σειριος ας῾ηρ
Βαιον ὑπερ κεφαλης κηριτρεφεων ανθρωπων
Ερχεται ἡματιος πλειον δε τε νυκτος επαυρει
Η῾μος αδηκτοτατη πελεται μηθεισα σιδηρῳ
Υλη , Φυλλα δ᾽εραζε χεει, πτορτοιο τε ληγει ·
Τημος αρ᾽ ὑλοτομειν μεμνημενος ωρια εργανχ
Ολμον μεν τριποδην ταμνειν, ὑπερον τε τριπηχυν.

Quando d'acuto Sol la forza allena,
Per l'estivo calor che sì ne bagna
D'autunno là , quando il gran Giove piove ,
E si muove il mortal corpo, e ne viene
Molto più lieve: allora l'astro Sirio
Pur de'mortali uomini sulla testa
Di giorno viene, e più la notte assaggia
Quando senza periglio di magagna
Dal ferro il bosco a tagliar viensi , e a terra
Sparge le foglie , e più non si dirama ;
Allor le legna taglia , sovvenendoti
Dell'opportun lavoro , ed un mortaio
Di tre piedi tu sega ; ed un pistello
Di tre cubiti.

(1) Εργ. και Η῾μιρ. v. 412.

Ora che diremo quando troviamo quest'arme essere nel nostro vaso appunto di tre cubiti ad un bel circa? Non pare egli il passo d'Esiodo composto da uno che avesse voluto a bella posta descriverla? Non viene questa pruova in soccorso dell'altra somministrataci dalla figura? E non si uniscono amendue strettamente a conferma di quanto ho asserito?

Se non che mi si domanderà ancora, ed a buon dritto, che abbia qui a dividere un pistello coll'ultima notte di Troia, e perchè io abbialo arme chiamato. All'una inchiesta risponderò, che arme dicevansi, secondo Varrone, tutte le cose con che si allontanava il nemico: *Arma ab arcendo, quod his arcemus hostem* (1). Il perchè Caio il giureconsulto diceva che anche le pietre ed i bastoni dovevansi avere come armi quando si usavano contro il nemico (2). Imperciocchè arme è parola che ben si adatta ad un obbietto qualunque che serva, vuoi a difendersi, vuoi ad offendere. Soddisferò poi all'altra interrogazione col *Furor arma ministrat* del Mantovano. Così M. Antonio il Triumviro, profugo da

(1) *De L. L.* Lib. IV.
(2) L. 47. *Dig. de Verb. Signif.*

**

odena, diede cortecce a' soldati in vece di scudi.
lla terza guerra punica, in mancanza di funi, le
nne somministrarono a' Cartaginesi le loro trecce
r gli archi. Lo stesso fecero le matrone di Aquileia
sediata dall' imperador Massimino, i Marsigliesi
mbattuti da Cesare, ed i Romani stretti nel Cam-
doglio di assedio da' Galli, i quali Romani perciò
dicarono una statua a Venere Calva. Non è dun-
ie maraviglia se una furiosa troiana, non potendo
'ere un'arme con che difendersi dalla spada greca,
ossa da virile ardimento, abbia dato di piglio ad
ı pistello come fosse stato una clava, e che la
sperazione quel rustico istrumento in arme da
ıerra cangiato avesse. Il che con tanto più di fi-
ıcia asserisco in quanto che in quel frangente i
roiani cercarono di uccidere i Greci con qualun-
ıe cosa fosse venuta loro alle mani, e loro lancia-
no i bicchieri, e le mense, e gli ardenti tizzoni
;' focolari, e gli andavano trapassando finanche
ıgli stessi spiedi dov' erano infilzate le arrostite
.rni, siccome dice un greco poeta (1):

Ουδε μεν Αργειοισιν ανωτατος πηλε δηρις
Αλλ' ο ιμεν δεπαεσσι τετυγμενοι, οι δε τραπεζαις.

(1) *Quint. Smyrn.* Lib. XIII, v. 145.

Ὀιδ' ἐτι κειομενοι ὑπ' ἐσχαριωσι τυπεντες
Δηλοις, ηδ' ὀβελοισι πεπαρμενοι ἐκπνεεσκον
Ὀις ἐτι που και σπλαγχνα συων παρα θερμα λελειπτο
Ἡφαις' ουμαλεροιο περιζειοντες αὐτμη.

Non però indenne era l' aohea villoria :
Da tazze altri colpiti, altri da mense,
Altri bruciati da tizzoni ardenti,
O trafitti da spiedi, ove abbrostite
Di porci ancor fumavano le carni,
Che investia di Vulcan l' igneo vapore,
Spiravan l' alma.

Cosi Quinto, e con questi versi devesi anc
spiegare, a creder mio, un altro vaso del Real M
seo Borbonico dove si vede per la stessa ragio
questo pistello medesimo ed un candelabro adop
rati per arme.

Vuolsi poi notare che a questo guerrier
trovasi apposto il solito ΚΑΛΟΣ, che qui ci semb
doversi intendere in significato di *valoroso*. Un alt
ΚΑΛΟΣ nel senso medesimo vedesi tra la donn
seduta sulla base della statua di Pallade, e quel
che le sta dirimpetto : ma è chiaro che un ta
epiteto abbisogni essere riferito ad Aiace.

Meglio pertanto sarebbe per noi se l' artist
in vece di questa epigrafe avesse apposti i non
alle sue figure che qui restano in parte sconosciute

ne sarebbono rimase quelle della tavola iliaca,
ci fossero senza iscrizione pervenute.

Da ultimo vorremmo paragonare questo insi-
e monumento col celebre quadro del Lesche a
lfo, dove Polignoto ebbe dipinto lo stesso sub-
tto; certo essendo che da quella pittura il nostro
efice traeva alcun che, s'egli è vero, come è
issimo che nelle figure di Polignoto una vecchia
devasi col capo raso, che potevasi scambiare con
eunuco, su le cui ginocchia un fanciullo era as-
o, che la mano innanzi agli occhi per la paura
ettevasi (1).

Bernardo Quaranta.

_____

(1) Pausania Phoc. c. 26. Παρα δε την Μεδουσαν εν χρω κεκαρμενη πρεσβυτις, η
οντος εςιν ευνουχος, παιδιον δε εν τοις' γουνασιν εχει γυμνον, το δε την χειρα υπο
ατος επιπροσθε των οφθαλμων πεποιηται.

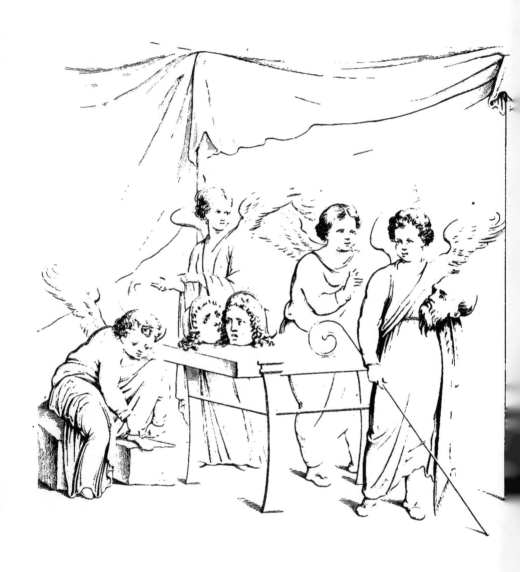

DIPINTI POMPEIANI.

NELLA bella casa di Marco Lucrezio e precisamente nel piancrottolo della scala, segnato col N.° 20 nella pianta di essa casa che in fine di questo volume noi pubblichiamo, sono dipinti i due terrazzi che si veggono nell' alto di questa tavola delineati.

Nel primo di questi terrazzi riposa sopra un plinto di pietra una maschera scenica muliebre, con folta capigliatura, e corona di oro. Vicino a questa maschera a significare a qual divinità si appartenga è un pavone, il quale non ci lascia dubbio esser quella la maschera di Giunone signora e regina del Cielo. Incontro ad essa è pure sopra un plinto di pietra poggiata una maschera di Giove con prolissa barba e coronata di folti capelli di quercia. L'aquila ministra del fulmine, ed il mondo sono vicino a questa maschera a chiarire i meno esperti nella mitologia esser quella l'effigie del Signore degli uomini e degli Dei.

Sappiamo da Plinio che a' tempi di Augusto

un tal Ludio fu il primo ad inventare quel genere
di pittura che noi diciamo pittura di paese, e ci
narra quel sommo e diligente istorico che questo
Ludio rallegrava le dipinture delle pareti con
ville , portici, boschi , piscine , stretti di mare ,
fiumi , spiagge ; e tutti questi luoghi , secondo il
desiderio de' committenti , quali popolati di pas-
seggieri , quali di naviganti , quali di viaggiatori
sopra asini o in cocchio , e qualche volta vi faceva de' pescatori, delle brigate che banchettava-
no , e talora cacce e vendemmie (1). Pare che
questa invenzione di Ludio, la quale non datava
all' epoca della distruzione di Pompei che appena di un secolo, si fosse molto propagata in questa
parte della Campania , poichè troviamo spessissi-
mo nelle dipinture de' muri di Ercolano e Pompei
queste rappresentanze di paesi che Plinio chiama
topiaria opera. Nella medesima casa di Marco
Lucrezio nella stanza marcata N.° 11, che sporge
sull' atrio , sono ne' tre muri dipinti tre grazio-
sissimi paesetti , in fra le altre vaghezze che la
adornano , uno de' quali è riprodotto in calce di

(1) Plin. Lib. XXXV. Cap. 10.

questa tavola XLIV. Ivi in un luogo alpestre cinto
di sassose ed aride rupi è in un verdeggiante ri-
piano espresso più vivo che dipinto un irsuto
cignale attaccato da due feroci mastini, che è
nell' atto di difendersi furiosamente dal loro im-
portuno assalto. Abbiamo qui potuto riprodurre
una fievole copia dell' antico originale che è dipinto con tanta vivezza, che ha piuttosto l'aria
di essere un'azione vera e reale ripercossa in uno
specchio, anzi che una reminiscenza espressa col
pennello. E di riscontro a questo dipinto se ne
ammira un altro, anche più bello di questo,
dove un tramontare di sole in un deserto del-
l'Africa con un leone ed una leonessa, che affan-
nosi e lenti camminano in quelle aride sabbie, ti
offrono un ritratto del quale solo può essere capace un artefice, che abbia viaggiato in quelle
regioni tanto dissimili dalle nostre. Perciocchè
evvi mirabilmente espresso il calore ardente del
sole, e l'affannosa stanchezza che produce su quei
due feroci animali, a' quali pare che manchi la
forza di muovere i lenti passi co' quali camminano. E queste cose, dipinte come noi diciamo
di maniera, hanno un' impronta così fedele del

vero , che nella moderna pittura difficilmente si
ravvisa uguale ne' lavori i più agiatamente studiati e copiati dalla natura.

Guglielmo Bechi.

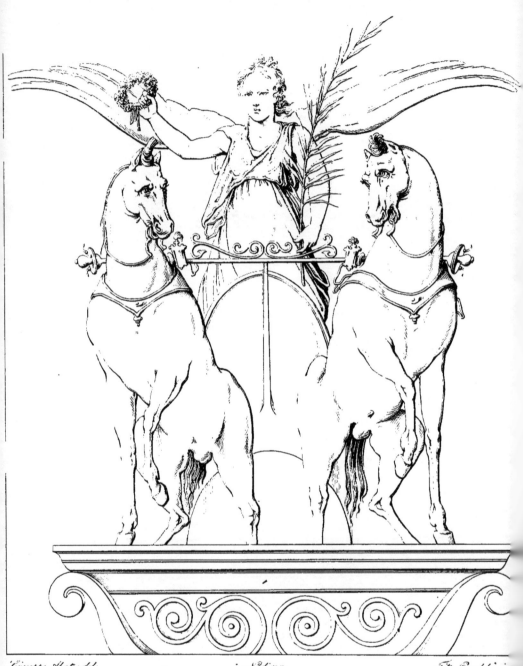

Giuseppe Abate del.   N.º di rex.   Filº Pandolfini

Vittoria -- *Affresco pompeiano.*

IN una leggerissima biga veloce di prospetto si presenta molto vaga donzella con corona (1) nella destra, e palma nella sinistra : le interamente spiegate ale (2), la increspata chioma svolazzante all'impeto della corsa, le sottilissime vestimenta che si attaccano quasi ondeggianti sulla figura, e la vivacità de' corsieri che ansanti attendono il segno di soffermarsi, a chi non farà riconoscere nel nostro pompeiano dipinto una Vittoria sollecita apportatrice di pace? Raccomandate le redini dei destrieri al parapetto del carro, che qui serve da trasversale timone, essa sta ritta in sulla biga colla destra elevata in atto di mostrar con quasi

---

(1) La corona era così propria della Vittoria, che tanto valea il dire corona, quanto Vittoria. Il Pascalio *de Cor.* VII, 5 soggiunge che rare volte s'incontra la Vittoria che non sia coronata, ond' ebbe l'aggiunto di στεφανηφορος.

(2) Amore fu scacciato dal Cielo per le sue impertinenze : gli Dei gli tolsero le ali, e le diedero alla Vittoria figliuola del cielo e della terra. Si veggano in Ateneo XIII, p. 563 i versi di Aristofonte in cui si dice che gli Dei cacciarono dal cielo Amore, gli tolsero le ali, e ne rivestirono la Vittoria.

ilare contegno la ricca corona cui è annodata
una vitta, e colla sinistra abbassata regge il fron-
zuto ramo di palma, quasi mostrasse la corona
come trionfo della riportata vittoria, origine della
stabile pace che annunzia nel ramo di palma che
fermamente sostiene.

. E sebbene convengono i dotti che quando la
Vittoria appare su di una biga, suol essere tale
rappresentazione più relativa a vittoria riportata
ne' giuochi, che a trionfi sull' inimico, pur tuttavolta noi crediamo che nel nostro pompeiano
dipinto si esprima la Vittoria come nunzia di
pace dopo essersi trionfato sull' inimico, onde la
diciamo Vittoria *pacifera*, o con Apulejo *Pal-
maris Dea*.

I fogosi destrieri con nari aperte e con orecchi distratti verso la Dea mostransi nell' ansante
loro figura tutti intenti a' di lei voleri. La parte
anteriore del carro non ha alcun ornato, non
iscorgendosi il rimanente pel solito difetto di prospettiva lineare più volte osservato ne' dipinti
pompeiani. Sono però da notarsi le due graziose
borchie poste agli estremi del timone, i quali
vengon fuori dalle esterne parti del collo di cia-

scun cavallo, e finiscono con un pomo ingegnosamente immaginato per impedire l'uscita delle
borchie, cui si veggono raccomandate due coreg-
giuole, forse per assicurarle in modo da non potersi sfibbiare nel violento corso della biga; come
sullo stesso timone son pure da notarsi i due se-
micerchi o cerchietti posti poco discosto dalla
parte interna del collo de' cavalli, del pari che
le due bellissime fibule che son dappresso a tali
cerchietti, le quali impediscono, come noi supponiamo, che le redini de' destrieri possano sfuggire dal timone. E chi sa se que' cerchietti sien
quelli ricordati da Omero ne' carri della Vittoria
ove si appendevano le briglie de' cavalli?

La nostra Vittoria è nella solita acconciatura
di Diana, e come questa Dea ha una sistide succinta sotto del seno. Vogliono i dotti che quando
negli antichi monumenti, e specialmente nelle
pietre incise e nelle medaglie, s'incontra la Vittoria nell' acconciatura di Diana, si è voluto con
essa indicare la verginità di lei: ed oltre a ciò
opina il Winckelmann che quando la Vittoria ha
l'aria e la somiglianza delle figlie di Niobe, ciò
sia espressamente per darle l'aria di vergine.

4 VOL. XIV. TAV. XLV.

. Questo importantissimo dipinto venne fuori dagli scavi in istato di ottima conservazione.

Giovambatista Finati.

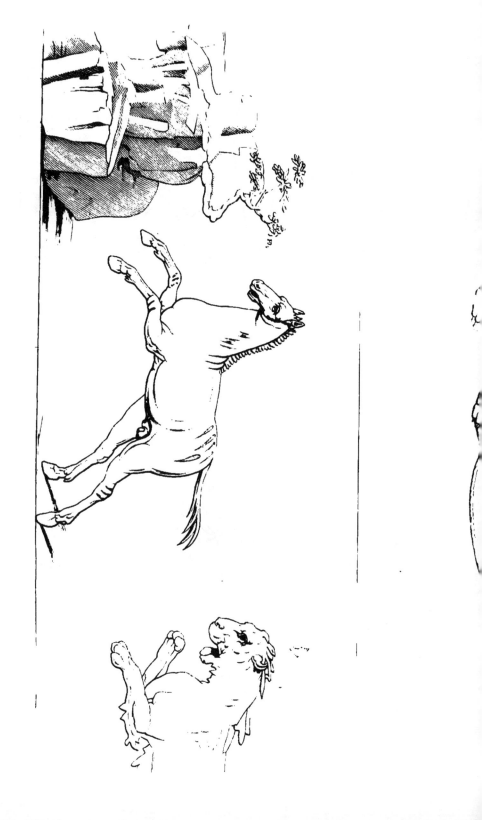

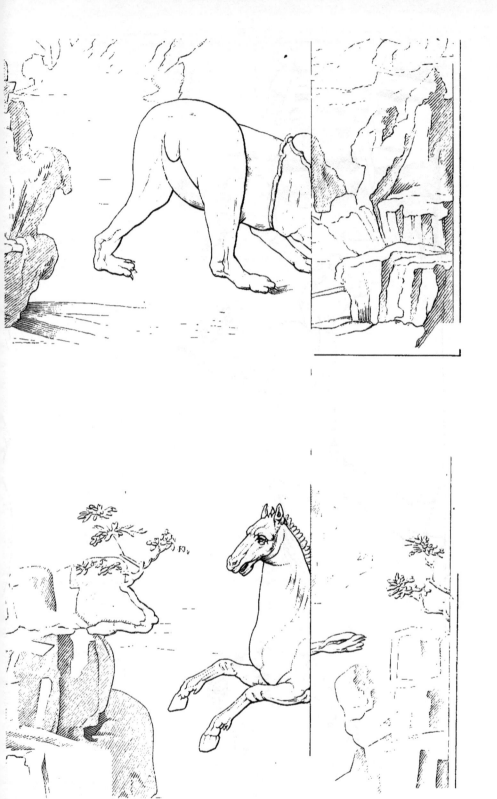

CACCE — *Dipinto pompejano.*

Costume barbarico fu al certo degli antichi popoli, e da ricolmar d' orrore qualunque anima gentile, quello di esporre i rei alle bestie feroci perchè ne fossero divorati. E fin da' tempi di Solone essere a quella atrocità gli Ateniesi trascorsi il sappiamo da Luciano (1); e che da' Cartaginesi fosse praticata, non ce ne fanno dubitare le solenni parole di Polibio (2). È noto ancora che di questo supplizio Scipione Africano punì i transfughi (3), e che non diversamente operò il questore Baldo su' Gaditani, come dice Pollione (4). E con tali sanguinosi spettacoli gli antichi credevano che si agguerrissero viemaggiormente gli animi de' battaglieri; sicchè Tullio potè dire (5): *Cum vero sontes ferro depugnabant, auribus fortasse multae, oculis*

(1) *In Toxar.* 15.
(2) Lib. I, cap. 10.
(3) Valerio Massimo Lib. II, c. 2.
(4) Cic. *Epist. Fam.* Lib. X, 32.
(5) Tuso. II, 17.

quidem nulla poterat esse fortior contra dolorem et mortem disciplina. Il perchè ne' tempi sopravvenuti, prima di andare alla guerra, gl' Imperatori davano a' soldati di tali spettacoli (1). Spesso però in mancanza di condannati, il popolo sollazzavasi a guardar belve che si affogassero fra loro. E queste cacce solite a darsi negli anfiteatri, chiamati perciò *teatri da caccia*, θεατρα κυνηγητικα da Dione (2), erano frequentissime ancora in quello di Pompei. Sicchè prendendone gran piacere gli abitanti di quella città, ben credevano i dipintori che il perseguitamento de' feroci animali tra loro fosse grato spettacolo da adornarne ancora le pareti. Cosi restano spiegati pure gli alberi onde adornansi le rupi dell' altra pittura nella parte inferiore della nostra, dove un lione insegue un cavallo.

Quinto Scevola fu il primo a dare nella sua edilità curule lo spettacolo de' leoni al popolo: ascoltiamo Solino (3) : *Spectaculum ex leonibus Romae primus edidit Q. Scaevola P. F. in curuli*

---

(1) Capitol. *in Max.* c. 8.
(2) *De Leg.* c. 5.
(3) Cap. 29.

aedilitale. Centum vero Leonum jubatorum pu-
gnam princeps L. Cornelius P. F. Sulla Felix
qui postea dictator fuit in praetura exhibuit A.
V. DCLX. Ma per quel che risguarda il leone
sciolto della nostra pittura, dobbiamo ricordare le
parole di Seneca dicente (1): *L. Sulla primus in cir-*
co leones solutos dedit, quum alioquin alligati tunc
darentur ad conficiendos eos missis a rege Boco
jaculatoribus. Affinchè poi le belve si aizzassero
maggiormente fra loro, e lo spettacolo crudele si
compisse il più presto, legavansi tra loro. Epperò
nella parte superiore di questa tavola veggiamo la
pugna di un toro allacciato ad un orso, *tauri et*
ursi pugnam inter se colligatorum, come dice Seneca (2). E gli orsi facevan venire dalla Macedonia e
dalla Pannonia, siccome i leoni e le tigri dall'A-
frica (3), e li appaiavano col toro a cagione della
ferocia di questo. *Tauris,* dice Plinio (4), *in ad-*
spectu generositas, torva fronte, auribus setosis,

(1) *De Br.* V. 8.
(2) *De Ira.* c. 6.
(3) Plinio *H. N.* VIII, 7.
(4) *H. N.* VIII, 45.

cornibus in procinctu dimicationem poscentibus.
Sed tota comminatio prioribus in pedibus. Stat
ira gliscente alternos replicans, spargensque in
altum arenam , et solus animalium eo stimulo
ardescens.

· Vuolsi poi avvertire, che le rupi onde qui
chiudonsi il toro e l'orso solevano esser di legno ,
o comparir inopinatamente di sotto all' arena in
mezzo all' anfiteatro. Ascoltisi Apuleio (1) : *Erat*
mons ligneus ad instar inclyti montis illius ,
quem vates Homerus Idaeum cecinit , sublimi
instructus fabrica, consitus viretis, et vivis ar-
boribus , a summo cacumine, de manibus fabri
fonte manante, fluviales aquas eliquans.

Bernardo Quaranta.

----

(1) Lib. X , c. 15.

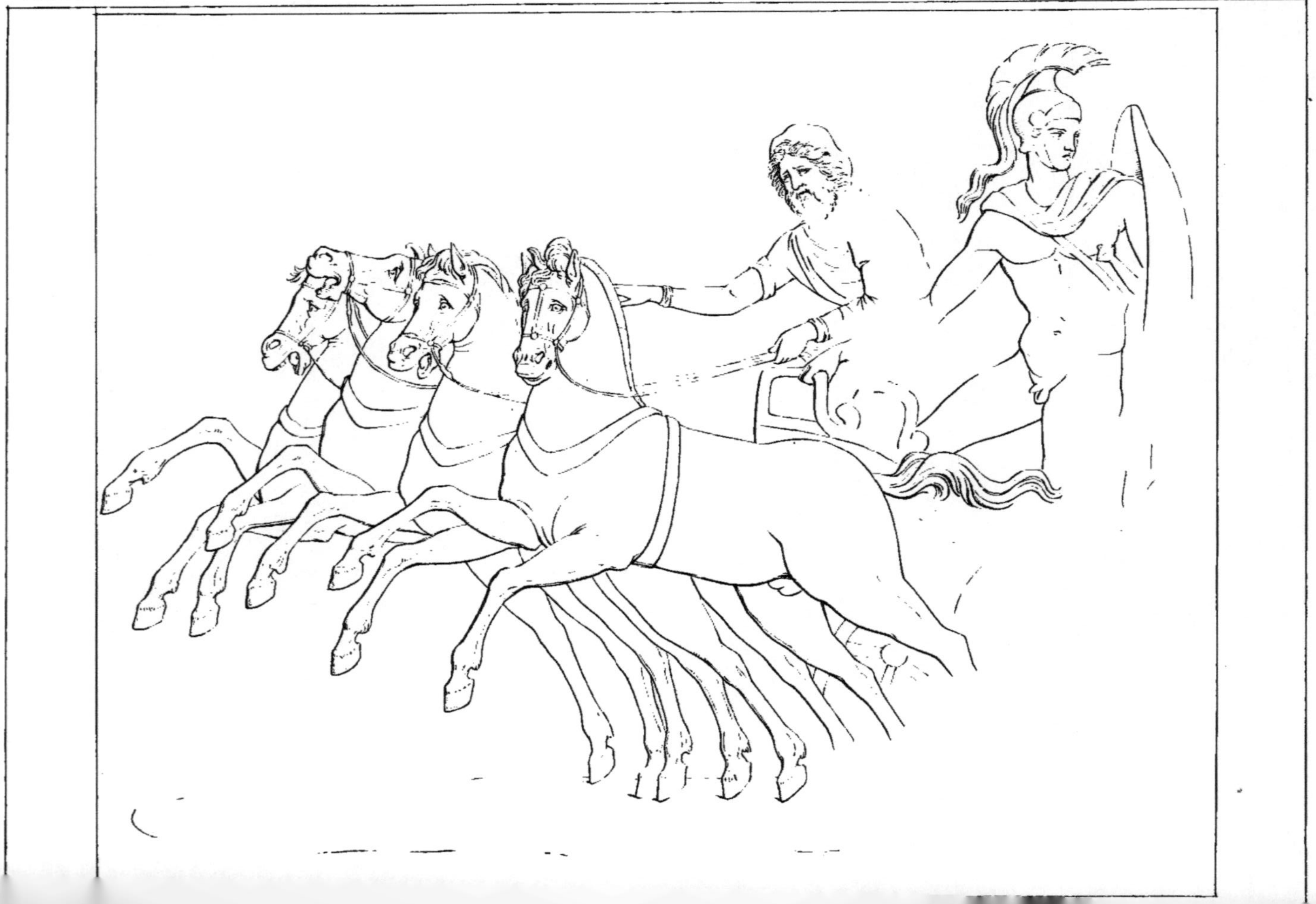

GRECO EROE SU DI UNA QUADRIGA -- *Monocromo pompeiano di palmi due ed once due per palmo uno e tre quarti.*

A' quattro rarissimi monocromi ercolanesi serbati nelle gallerie del real Museo (1) venne avventurosamente aggiunto il quinto, che abbiamo sott'occhio, rinvenuto in Pompei nelle scavazioni del 1840.

Su tavola di marmo greco è delineato ad un sol colore, genere denominato dagli antichi *monocromo*, un greco eroe su di una velocissima quadriga guidata da veglio auriga. Armato di crestato elmo co' guanciali chiusi sotto del mento, di spada, e di scudo, ei sembra misurar di uno sguardo il campo nemico, chè con la dritta ancora afferrata all'orlo della quadriga cerca con terribile occhiata da un capo all'altro dell'inimica falange chi fosse il guerriero degno di misurarsi col suo valore.

---

(1) V. Tomo I delle antichità di Ercolano, ove è dimostrata ampiamente la loro importanza, ed il pregio in che tanevansi i monocromi.

I vivacissimi corsieri par che sentano che il formidabile guerriero già già si appresta all'esterminio de' nemici , tanto è l'impeto del loro aspetto espresso con vario movimento in ogni testa , ed in ogni muscolo, e massimamente nelle rizzate orecchie , nelle aperte nari , e nelle spumanti bocche. L'eroe è tutto nudo della persona , se ne eccettui le poche pieghe del suo manto, che da un omero all'altro gli traversa il petto. L'auriga è vestito di tunica, ed ha coperto il capo di un cappuccio a guisa di pileo depresso sull'occipite : i cavalli hanno i soliti guernimenti di testiera, pettorale, e cigna. Tutto il carro è semplicissimo , e privo affatto di ornati. L'equina cresta dell'elmo , e i guanciali chiusi sotto del mento , il piegar della tunica dell'auriga , le fattezze del carro, lo stile in somma della intera composizione affatto greco son caratteri tutti, che ci fanno probabilmente riconoscere in questo prezioso monocromo il terribile figliuolo di Tetide sul suo cocchio guidato dal veglio Automedonte, il quale ha scandagliato d'uno sguardo il campo nemico , ed avido par che ne cerchi il supremo duce Ettorre.

Non sembra priva di fondamento la denominazione per noi data al nostro eroe ; dappoichè quei convenuti lineamenti , che costantemente ravvisiamo nelle immagini di lui , il suo aspetto truce , il crespo sopracciglio , il movimento di rivolgere la testa a sinistra, la chiusura de' gnanciali sotto del mento , il frontale del suo elmo nella stessa guisa che in tutte le figure di lui s' incontra , come il resto della sua eroica armatura, sono tutte circostanze, che concorrono in sostegno del nostro divisamento: in somma siccome coloro , che han pratica di antichi monumenti riconoscono la figura di Alessandro appena che ne veggono le immagini, del pari Achille si ravvisa tra tutti i guerrieri dell' Iliade che ci vengono tramandati dall' antichità.

Ci duole non poco che questo pregevolissimo monumento fu rinvenuto malconcio dal tempo , e che i delicati tratti di pennello, con che è dipinto , sieno in alcune parti svaniti , e massimamente presso la figura di Achille, in modo da non far riconoscere fra le sue armi la lunga asta sterminatrice di eroi decantata nella Iliade (1),

(1) Lib. XIX.

.... l' immensa e salda asta paterna ,
» Cui nullo Achivo palleggiar potea
» Tranne il Felide , frassino di eroi
» Sterminatore . . . .

e che secondo l' aggiustamento della figura ovea
essere fra lo scudo e la spalla ; e nè tampoco la
sferza che tolse in mano Automedonte nel montare
sul cocchio, e che qui doveva essere nella destra prostesa dell'auriga , ricordata anche essa con molta
precisione nella Iliade. E se i limiti di questa
opera non c' impedissero di seguir le tracce del
libro XIX di quel sommo poema primo nito
dell'epopea, diremmo che il momento scelto dall'
l'antico pittore ed espresso in questo monumento
sia quello che precede le parole, che Achille in-
dirizza agl' immortali destrieri Balio e Xanto.

. . . . . E tolta nella man la sferza . . .
» Salta sul cocchio Automedon, Vi monta
» Dopo , raggiante come sole , Achille
» Tutto presto alla pugna , e con tremenda
» Voce a' paterni corridor sì grida

. . . .

» Disse , e gridando i corridor sospinse »

Come per lo appunto mostra il nostro monumento
essere i destrieri nel principio della loro . pe-

tuosa corsa, che Automedonte par che voglia moderare protendendo la destra verso le agitate loro teste, quasi volesse imporre maggior regola alla irrompente corsa : cose tutte espresse dal pompeiano artista con tanta verità da non lasciar nulla a desiderare nel generale accordo del suo componimento; conseguendo altresì da queste due figure il più spiccato contrapposto. Ed invero tu scorgi Achille fiero nello aspetto, atletico nella figura, eroico nello incesso, terribile nelle armi, avido di scontrar l'inimico; al contrario tu vedi Automedonte grave di età con semplice tenia su la fronte, sereno nel volto, incurvato al d'avanti ed attento a guidare gl'impetuosi destrieri: quegli nudo torreggiante sulla quadriga, questi vestito di tunica ed incurvato al d'avanti; l'uno tutto armato di magnifico elmo crestato, l'altro inerme con piccolo pileo schiacciato in testa : tutto in somma mostra ad evidenza la volontà dell' artista ed il buon secolo dell' arte.

Giovambatista Finati.

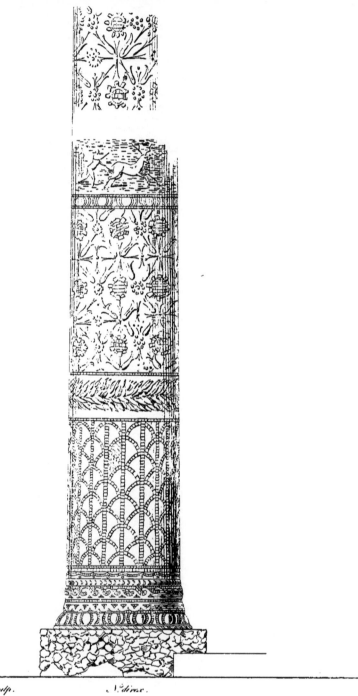

COLONNA MUSAICATA *alta palmi dieci, e di diametro palmo uno e mezzo, ritrovata in Pompei.*

LA importanza , la gajezza e la moltiplicità dei monumenti lavorati a musaico che si serbano nel real Museo Borbonico è troppo nota per poterne intrattenere i nostri leggitori , chè già più volte ne abbiamo detto nel corso di quest' opera , e molti ne sono tuttora sparsi nelle dissepolte parti delle antiche città di Ercolano , di Pompei e di Stabia ; come pure in tutti gli avanzi degli edifizi della intera Campania : di modo tale che lo egregio cav. Niccolini nelle sue memorie sul Serapeo Puteolano lette alla reale Accademia di belle arti, faceva ascendere il numero de' musaicisti che avevan lavorato ne' pavimenti degli edifizi della zona da Miseno a Stabia , val dire su di un terreno non maggiore di venti leghe quadrate, almeno a settantamila pel corso di quattro secoli. Ed ove si ponga mente che nella sola parte allora scoverta di Pompei , che giunge al quinto di quella città, che non è la più cospicua

**

della Campania , si contengono mille e ventidue pavimenti di musaico , non sembrerà al certo eccedente l'enunciato numero di quegli artefici. Ed è da porsi a calcolo che i medesimi non limitavansi solamente a lavorare in musaico composizioni, figure ed ornati sulle superficie piane, ma bensì sulle superficie concave e convesse; della qual valentia sulla superficie concava se ne han due esempi nella cella isiaca ritrovata nella casa di Giulia Felice in Pompei, ed in una bella fontana così detta del Gran Duca di Toscana ; e sulla superficie convessa, una luminosissima pruova se ne raccoglie ora nel singolare lavorio intorno alla curva della colonna di una casa scoperta nell' ottobre del 1838 fuori la porta orientale di Pompei, e precisamente accanto alla *schola* o sedile coperto: Nel piccolo giardino di questa casa; che trovasi immediatamente dopo l'ingresso , si rinvennero quattro colonne tutte incrostate di vaghissimi ornati a musaico, e che servivan forse di sostegno alla pergola, che nelle case pseudo-urbane , come questa, si trovava col giardino appena varcato l'adito, ricordandoci Vitruvio che la distribuzione delle case di città ordinariamente finiva col peristilio , colla pergola

e col giardino : le pseudo-urbane al contrario
avevan dopo l'ingresso il giardino e la pergola (1).
La più conservata di queste colonne abbiamo
ora sottocchio nella presente tavola XLVIII ; ed
ognun vede che tanto questa quanto le altre tre
sono rivestite di un musaico composto di minute
tesserine di vivacissime paste vitree colorate, e non
già di marmo di colore, il quale ordinariamente
si adoperava in lavori più speciosi, e soprattutto
ne' figurati, come nel gran Musaico della battaglia di Alessandro e Dario, ed in altri più antichi
del real Museo, come quello del Teseo che ab-
batte il Minotauro circondato dalle riconoscenti
fanciulle ateniesi. A testimonianza di Plinio (2)
tali lavori ne' pavimenti hanno avuto origine in
Grecia, e Soso ne fu il più celebrato artefice. In
seguito furono lavorati con tesserine di vetro colorato: e lo stesso Plinio (3) ricorda come il vetro
riducevasi a piccoli pezzi a diverso colore, e che

(1) Vedi la relazione degli scavi di Pompei da aprile 1835 a giugno 1839 del
nostro collega cav. Bechi posta in fine del volume dodicesimo di quest' opera, il
quale fu il primo ad annunziare la scoperta sì di questa casa, che delle quattro
colonne, del pari che della singolarità del lavoro del musaico sulla loro curva.

(2) Lib. XXXVI, 25.

(3) Ivi c. 26 in fine.

cotto collo zolfo si rassoda e fassi pietra. E tanto
è vero ciò che raccogliamo dall' esimio Naturali-
sta latino, che nella raccolta de' vetri antichi del
real Museo (1) si serbano de'globetti di vetro colorato e moltissimi piccoli pezzi di figura semi-
sferica anch' essi colorati, ed a noi pervenuti
dagli scavi di Pompei, del pari che le molte paste
antiche imitanti le gemme incise, delle quali è
ricco il Museo Stoschiano, e la nostra collezione
degli oggetti preziosi (2).

Il singolare lavoro adunque della nostra colonna è compartito in quattro zone tramezzate da
altrettante fasce; le prime sono ornate di rose e
di svariati fiorami, con fregi di cacciatori che
incalzano o affrontano un cervo; e le seconde ornate
sono di scorniciature ad ovoli, o di festoni, o di
graziosi meandri di un elegante e leggiero effetto;
e tutto ciò praticato con sì incantevole precisione
sulla curva della colonna, che può dirsi uno sforzo
dell'arte per le difficoltà superate nell'ammirabile
esecuzione. E qui bisogna confessare che l'effetto

---

(1) Vedi il nostro real Museo Borbonico descritto alla pag. 55 e segg. della
parte II.

(2) Vedi la citata nostra opera. *Cabinet des objets précieux.*

di un peristilio formato con queste colonne produr
doveva una stupenda decorazione difficilissima a
raggiungersi da' tempi nostri; e ci reca maraviglia
come i moderni artefici, e specialmente i romani
musaicisti non abbiano finora procurato di ripetere
con la loro opera cosi belli esempi; perocchè a
noi sembra che la più utile sorgente di questi sta
nello studio della loro riproduzione, applicata ai
nostri tempi ed a' bisogni nostri.

Giovambatista Finati.

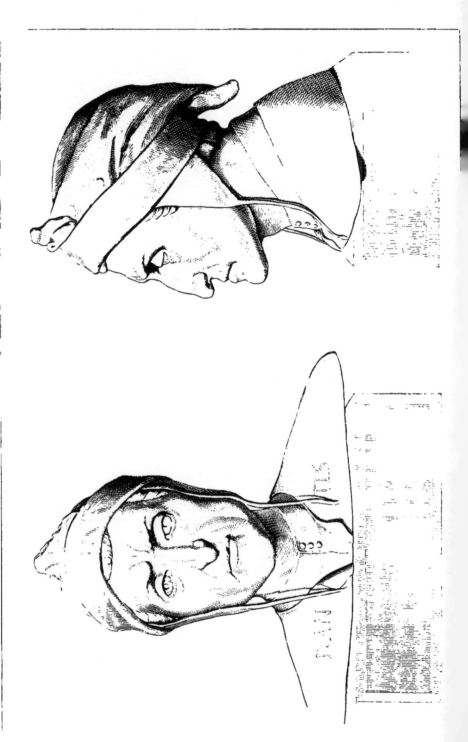

Dante Alighieri -- *Mezzo busto di bronzo allo palmo uno e tre decimi.*

Salve o effigie veneranda di un massimo fra gli umani intelletti. Oh come ti stai *altiera e pensierosa, e nel muover degli occhi onesta e tarda !* E se non sei l' effigie di Dante di chi mai puoi tu asser l' immagine ? Accolgo non come probabile ma come certa l' opinione di quelli che credono il modello di questo bronzo meraviglioso gettato sul volto vivo e vero del severo Ghibellino, tanto di vero e di espressivo ti lampeggia su gli occhi, da quella faccia non scolpita ma viva, e non viva solo di carne e di muscoli, ma di sentimento profondo e di alti e sublimi pensieri , che più la riguardi e più vorresti osservarla , e che tutta ti manifesta l' anima nella quale il Massimo Fattore volle stampare più vasta orma del suo Spirito creatore , per servirmi dell' espressione del poeta.

Ed in fatti chi non riconosce in questa immagine Dante Alighieri il fiero ed implacabile

ghibellino , quel Dante che chiama la Capraia e la
Gorgona a far siepe alle foci dell' Arno onde in-
ghiottisca quella *Pisa vituperio delle genti* che
fè morire di fame con gl' innocenti figliuoli il
miserando Conte Ugolino : tragedia il di cui rac-
conto sublime son cinque secoli che fa rabbrividire
e spargere fiumi di lagrime a milioni di padri !
Dante gran teologo , gran filosofo , gran politi-
co , sommo poeta che rappresenta tutto lo scibile
del suo tempo. Enciclopedia incarnata , ed enciclopedia nella quale si veggono brillare di vivacissimo splendore le più belle gemme di Minerva e
di Apollo. Dante non secondo a nessuno degli
altissimi intelletti che onorano la specie umana ,
dissimile a tutti e non somigliante che a sè solo:
capace di tutto fuori che di sortire dalla sua
originalità , e mai tanto singolare come quando si
sforza d' imitare altrui. Di fatti è tanto simile al
suo *maestro e Duca* Virgilio , quanto è simile
uno scoglio di basalte ad un cespuglio di rose.

    Come Fidia trasse dalla umile creta il modello
del suo Giove Olimpico , cosi Dante dal volgare
italiano , che vagiva bambino , trasse la più sonora
e la più alta favella del mondo moderno capace

di esprimere in più sublimi concetti della più alta
poesia i più intimi ed i più cari sentimenti del-
l'anima la più appassionata.

Ingegno più universale e più profondo di
Omero che fu il poeta del gentilesimo, come Dante
è stato il poeta della Cristianità, poichè come
Omero riassumeva in lui solo tutto lo scibile del
suo secolo.

Ecco le opere che dettò in mezzo alle tempeste
delle fazioni, a' disagi dell'esilio.

Le canzoni.

La vita nuova, specie di romanzo in cui
descrive il suo innamorarsi in prosa ed in versi.

Il convito, un commento a tre sue canzoni.

De monarchia, opera latina.

De vulgari eloquentia, opera latina.

*Traduzione in terza rima de' salmi peni-
tenziali.*

La divina commedia.

Non voglio lasciare di parlare di Dante
senza riprodurre quel bellissimo sonetto di Boc-
caccio che è pubblicato nella edizione del Giolito
del 1555.

⁂

Dante Alighieri son Minerva oscura
    D' intelligenza e d' arte , nel cui ingegno
    L' eleganza materna aggiunse al segno ,
    Che si tien gran miracol di natura.
L' alta mia fantasia pronta e sicura
    Passò il tartareo e poi il celeste regno ,
    E il nobil mio volume feci degno
    Di temporale e spiritual lettura.
Fiorenza gloriosa ebbi per madre
    Anzi matrigna a me pietoso figlio ,
    Colpa di lengue scellerate a ladre.
Ravenna fu mi' albergo nel mio esiglio ,
    Et ella hà il corpo , e l' alma il sommo Padre
    Presso cu' invidia non vince consiglio.

Come questo insigne monumento risplenda fra le cose le più pregevoli del real Museo Borbonico venuto in proprietà della Real Casa Regnante dalla eredità farnese, ecco la mia congettura. Quando Margherita d'Austria vedova del duca Alessandro de' Medici fu concessa in seconde nozze al duca Ottavio farnese da Carlo Quinto di lei padre, si ritenne in sicurtà della restituzione della dote e degli stradotali, che gli erano dovuti in forza del contratto matrimoniale , una quantità di mobili pregiati, e di oggetti di arte che erano stati del suo primo marito, e in conseguenza della Casa

Medici, non potendo il duca Cosimo allora capo
di quella famiglia bastare nemmeno con la vendita
di tutte le sue sostanze a soddisfare queste obbli-
gazioni, secondo ci racconta l'Adriani (1). Ciò
premesso è probabile che fra i tanti oggetti di
arte che Margherita d'Austria portò in Casa farnese, e che dalla Casa farnese passarono alla Casa
regnante de'Borboni di Napoli, vi fosse anche
questo bellissimo busto di bronzo che qui pubblichiamo.

Guglielmo Bechi.

(1) Adriani storia fiorentina lib. 3, p. 86, edizione del Giunti.

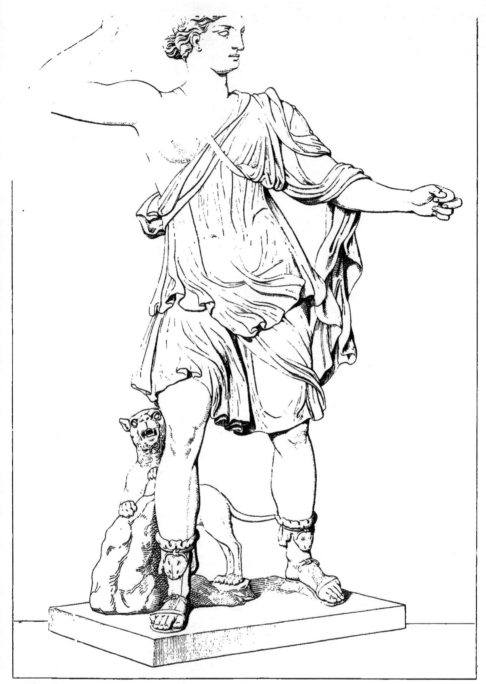

STATUA DI MARMO LUNENSE , *alta palmi quattro
e mezzo, ritrovata in Pompei.*

LA graziosa statua incisa in questa tavola par
che ci presenti una Diana cacciatrice. La sua tunica succinta , il balteo cui doveva esser raccomandata la faretra , che or manca , i coturni
venatori di pelle ed ornati al di sopra di ferino
teschio, l' attitudine di fermarsi nella corsa per
incoccar un dardo nell' arco, l' uno e l' altro dal
tempo distrutti, il cane infine che l' accompagna
arrampicandosi ad un greppo nell' atto istesso che
la Dea si sofferma, sono indizi tutti a farci riconoscere la figlia di Giove e di Latona. Concorrono
in sostegno della nostra denominazione i monumenti che la presentano nella stessa foggia abbi-
gliata e nella stessa attitudine, e specialmente
i diversi simulacri di lei sì del real Museo che
di altre riputate collezioni, del pari che le antiche medaglie; onde non sembra improbabile che
nel nostro marmo debba ravvisarsi Diana come
preside della caccia, e de' boschi abitatrice.

Che la tunica così breve da lasciarle scoperte gambe sin sopra alle ginocchia sia l'abito pre- letto della Dea, lo si raccoglie da Callimaco nel o inno a Diana ove cantava compiacersi

> .....e di portar la tunica succinta
> Sin al ginocchio a debellar le fiere (1).

Come i coturni venatori siano uno de' principali stintivi di questa Dea, lo apprendiamo da quei rsi di Virgilio, in cui Coridone ad essa pro- ette una statua di bianco marmo se i suoi de- lerî saranno appagati:

> Ma se sarà quanto il voler mio disse,
> Per me sarai di bianco marmo sculta,
> E di bei borzacchin le gambe ornate (2).

A malgrado di tutto ciò è da osservarsi però la fferenza che si scorge nell' acconciatura della iioma della nostra statua posta a confronto di ielle che sono espresse in altri monumenti, e

---

(1) ...... και ες γονυ μεχρι χιτωνα
Σωννυσθαι λεγνωτον ιν' αγρια θηρια καινω.
        Callim. *Hymn. in Dianam* v. 11 e 12.
(2) *Si proprium hoc fuerit, levi de marmore tota*
    Puniceo stabis suras evincta cothurno.
        Virgil. Ecl. VII, v. 31 e 32.

soprattutto nelle medaglie : in queste le chiome
della Dea veggonsi in parte annodate a guisa di
luna crescente sulla fronte , ed in parte cadono
ondeggianti sulle spalle : nella nostra al contrario
sono bipartite sulla fronte , e serpeggianti vanno
da un lato e dall' altro ad annodarsi all' occipite.
Ed è da notarsi del pari che la tunica della nostra statua è sfibbiata sull'omero dritto, in modo
da lasciarne il seno scoperto come si osserva costantemente nelle figure delle Amazzoni ; e l' ampeconio che negli altri monumenti si vede raccolto in giro sulla cintura , qui al contrario vedesi gittato sull' omero sinistro donde viene ad
avvolgersene una parte sul disteso braccio , la-
sciandone pendere in giù la estremità : le quali
cose potrebbero mettere in dubbio la denominazione data alla statua di Diana cacciatrice , rimanendo sempre a favore di questa il distintivo
del cane che segue i suoi passi , ed i coturni ve-
natorî che le rivestono le gambe : ed in questa
ipotesi bisognerà dire che lo scultore pompeiano
per non rimanere servil copista dell' antico tipo
originale vi abbia cambiato l' acconciatura della
chioma , scoperta la dritta mammella , e lasciato

pendere l' ampeconio dal sinistro omero. Vero è
per altro che questa bella statuetta era molto pre-
giata presso de'Pompeiani, vedendosi in essa pra-
ticati diversi antichi restauri, i quali promuovono
le discorse dubbiezze; ed aggiungi che allorquando
fu tratta dalle scavazioni era in varî luoghi dipinta, e poco se ne potevano discernere le diverse
restaurazioni. Ci proponghiamo dare un supplimen-
to a questa descrizione tosto che ci sarà dato
poter esaminare partitamente questo monumento,
e distinguere i moderni dagli antichi ristauri, e
se il marmo delle diverse parti appartenga ad una
stessa cava.

Giovambatista Finati.

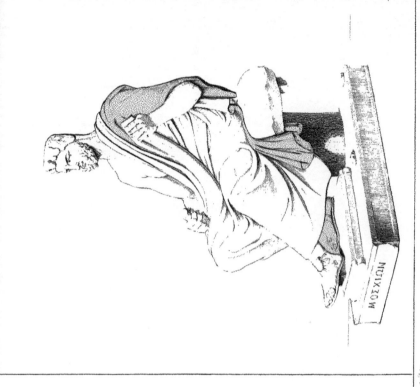

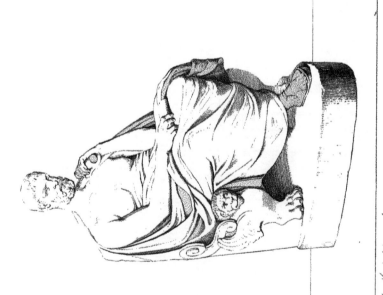

Fordenonte. Mori delist. sculp.　　　　　　　　　A. dirar.

Mosco in marmo greco -- Filosofo in marmo
grechetto : *statuette sedenti alta ciascuna
palmi due e mezzo, provenienti dalla Casa
Farnese.*

Il nome di Moschione o Mosco fu comune a
quattro illustri scrittori dell' antichità , de' quali
pochissime notizie sono a noi pervenute. Uno fra
essi però si distinse sopra gli altri pe' suoi elegan-
tissimi versi pastorali , che non solo il posero a
livello di Teocrito , ma gli meritarono l' onore di
essere eternato il suo nome con statue ed iscrizioni. Una testimonianza ce ne dà la statua presso
Girolamo Garimberti osservata da Fulvio Orsino,
nella cui base sta scolpito il di lui nome ΜΟΣΧΙΩΝ;
ed altra luminosissima ne raccogliamo dal prezioso
monumento che abbiamo sott' occhio. Qui l' illustre buccolico emulo e compatriota di Teocrito è
espresso assiso su sedia ricoperta da voluminoso
cuscino , stringendo nella destra poggiata sulla
coscia un papiro. Egli è inviluppato da un sinuoso
pallio che gli lascia metà del busto e tutto il brac-

**

cio scoverto. I suoi piedi sono rivestiti di calzari
alla greca , e poggiano sopra una specie di suppedaneo rilevato sul plinto , in fronte a cui si
legge ΜΟΣΧΙΩΝ. Ne duole che la testa che ora
vi è non è la sua, poichè presenta forme faunine,
e che il braccio sinistro e la mano di questo lato
tenente un papiro semisvolto sieno moderne ri-
parazioni. Questo prezioso monumento di scultura
greca ha meritato tutta l' attenzione del chiarissimo Visconti, il quale lo ha pubblicato nella sua
Iconografia greca (1) mettendone in vista i non
volgari pregi di rarità.

L' altra statuetta compagna incisa in questa
tavola dirimpetto a Moschione presenta forse altro
poeta o filosofo nello stesso abbigliamento e presso
a poco nella stessa attitudine. Essa però si di-
stingue dall' altra per la magnificenza della sedia
che ha alle gambe anteriori due grifi , e pel merito del greco scultore che ha spiegato molto sapere nell' aggiustamento e nella esecuzione delle
pieghe del pallio , uno de' principali distintivi di
questi uomini celebri dell' antichità, informandone

(1) Tomo I. pag. 91 e 92 , tav. VII , n. 2.

Plutarco che la barba ed il pallio erano le insegne de' filosofi, a prescindere dalla corona e dalla vitta che cingeva il loro capo, come da un epigramma dell'Antologia si raccoglie che Empedocle veniva rappresentato coronato e vittato (1). Tali onorifici distintivi fregiavano ordinariamente le tempia de' più famigerati filosofi di Grecia, distintivi che qui ci astenghiamo di annoverare, dappoichè la testa del nostro filosofo benchè antica non è sua, e la destra abbassata cui manca l'indice, la quale stringe un papiro, e la sinistra elevata con altro papiro sono alquanto danneggiate.

Giovambatista Finati.

(1) Anthol. 1, 86, ep. 2.

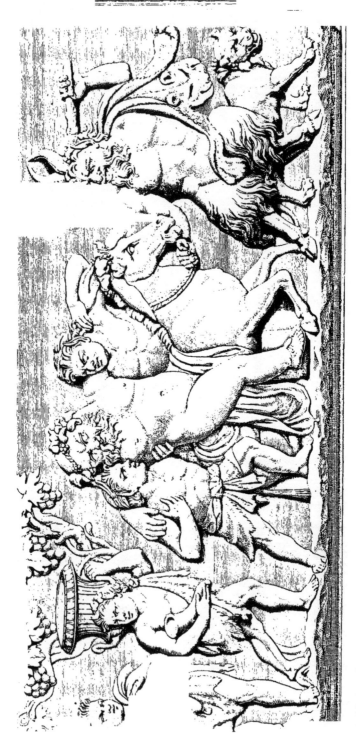

N. delinea.

del. et sculp.

SILÉNO UBBRIACO -- *Bassorilievo in marmo largo palmi due e un decimo , per palmo uno.*

Sebbene in più luoghi di quest' opera abbiam pubblicato monumenti dionisiaci di svariata rappresentanza , pur nondimeno non possiamo astenerci dal rendere di pubblica ragione il Baccanale che presentiamo inciso per questa tavola LII , come importante per la sua vivacissima composizione, e per la somiglianza che ha con altri rinomáti bassorilievi di Grecia.

Nel mezzo è mirabilmente scolpito Sileno ubbriaco a cavalcioni ad un asino , e sostenuto da due Faunetti , sugli omeri de' quali mollemente tiene le braccia distese, in modo che essi restano come saldi sostegni sotto delle sue ascelle. Questo bellissimo gruppo è preceduto da una pantera fregiata di ederacea ghirlanda , e da un Satiro che guida l' asino per una corda ligata al collo , nel mentre che con la sinistra alzata stringente un pedo pastorale minaccia l' asino che sta in atto di cadere , piegando indecisamente le gambe an-

riori. Altri due Fauni seguono l' ebbro Sileno ;
uno col braccio sinistro elevato regge pel ma-
co sopra i suoi omeri un grandioso vase così
·tto a calice elegantemente scanalato e scorni-
ato ad ovoli sul labbro , dal di cui piede sem-
·ano emergere due rami di albero al quale sono
·viticchiati de'tralci ricchi di pampini e di uve,,
sostenendo sul braccio dritto un corno da bere
ritone che voglia dirsi : l'.altro col destro piede
·ggiato sopra un greppo regge sulla coscia un
re pieno di vino, del quale stringe con la sini-
·a mano il collo, onde non ne sgorghi il liquore.

Piena di verità è l' espressione della ebbrez-
·impressa sul volto e sul corpulento busto di
·leno , e non meno vera è l' espressione de' due
·unetti affaticantisi a sostenere l' abbattuto ve-
·ardo , l' uno abbracciandolo col destro braccio,·
·ltro piantando con atletica forza le sue distratte
·mbe : essi par che maraviglino della loro situa-
·ne , tanta è la vivacità de' loro volti. Nè sa-·
·esti ritrovar meno interesse tanto nella espres-·
·ne del volto del Satiro che vorrebbe a tutta
·rza far camminare l' asinello deridendo· l' ub-·
·iachezza di Sileno , quanto in quella de' due·

Faunetti seguaci, il primo de'quali non curando il peso che sostiene sugli omeri, desioso si volge a guardar nell'otre che porta il suo compagno, come se gli chiedesse di riempirgli di vino il ritone che verso di lui tien rivolto. E non senza interesse e verità è pur l'espressione di quest'ultimo Faunetto che posto in contrapposizione del primo chiaramente mostra di negargli il vino : in somma è felicemente qui resa l'espressione dell'uno che desidera, e dell'altro che nega. È da notarsi intanto che all'eccezione de'due Faunetti che sostengono Sileno, i quali son coronati di pino, tutte le altre figure, ed anche l'asino son coronati di edera con corimbi. Il pino oltre di essere l'albero favorito di Cibele e di Silvano, sappiamo da Properzio che era anche sacro a Pane, poichè il nume di Arcadia era amante di questo albero; ed è incontrastato, come provasi co'monumenti, che i Greci più de'Romani facessero uso del pino per caratterizzare i Pani, gli Egipani ed i seguaci di Bacco. E notiamo da ultimo che negli antichi monumenti di bacchico argomento spesso s'incontrano gli asinelli pieganti le gambe anteriori attaccati a'carretti di Bacco,

onde vennero detti *plostrarii* da Catone (1) forse
da *plostrum* basso carretto; dal che potrebbe inferirsi che l'autore della nostra scultura ha qui
introdotto l'asino piegante le gambe anteriori ad
imitazione di quelli che sono attaccati a' carretti;
se pur non voglia dirsi con maggiore verosimi-
glianza che l'artista per fare spiccare in ogni parte
della sua composizione l'eccessiva ebbrezza di Sileno, l'abbia voluto rendere tanto grave ed abbattuto dalla forza del vino, da far barcollare l'asinello coll'indeciso piegar delle gambe anteriori.

Che che ne sia di questa opinione, non po-
trem negare che la somiglianza di questa composizione con quelle di consimili monumenti greci;
che il vedersi introdotto tra i seguaci di Sileno
simultaneamente corona di edera con corimbi, e
ghirlande di pini; che l'attitudine in fine del va-
cillante asino che si scorge in altri più antichi
monumenti, son tutte cose che ci inducono a riconoscere in questa nostra bella scultura una imitazione tratta da' più pregevoli capolavori di Grecia.

Giovambatista Finati.

(1) *De re rustica* Cap. XI, e dal Visconti T. V, tav. VII del Museo P. C.

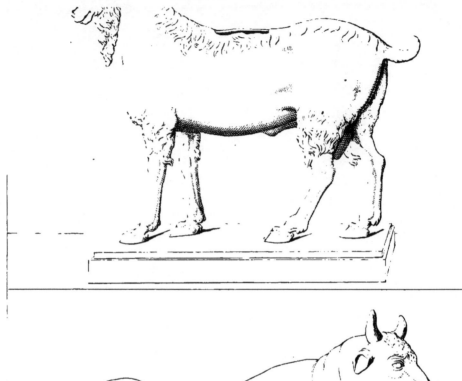

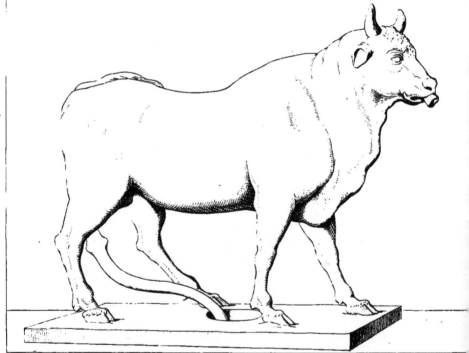

Due quadrupedi di bronzo: *il primo alto palmo uno e settantacinque centesimi per palmi due; il secondo alto palmo uno e tre decimi per palmi due e tre decimi.*

Presenta il primo bronzo inciso in questa tavola un giovane paffuto becco rinvenuto nelle scavazioni nocerine (1). Esprime il secondo un ben robusto toro ritrovato non ha molto in Pompei. Era questo destinato alla decorazione di una fonte, ove serviva pure da getto di acqua, come lo addimostra il *tubo* che salendo dalla base marmorea quadrata passa lungo il corpo, e vien fuori dalla bocca, donde sgorgava limpida acqua alimentatrice della sottoposta fonte.

Sebbene il becco fosse in grande venerazione in alcune regioni dell'Egitto perchè adombrava il loro nume Pane con volto e gambe di becco, pure

---

(1) Sono importanti le scavazioni eseguite in Nocera da' fratelli Serio nell' anno 1845, nelle quali fu rinvenuto il nostro bronzo con diversi altri di maggior merito, tutti dalla munificenza di Ferdinando II. acquistati. Noi ne faremo di mano in mano la pubblicazione.

presso de' Greci era questo quadrupede immolato
a Bacco , perchè distruttore delle vigne. Appena
uscito dagli scavi questo bronzo fu confuso col-
l' ariete , e si credette appartenere al culto di
Bacco, essendo risaputo che ne'deserti della Libia
un ariete indicò a Bacco ed a' suoi seguaci la sorgente di acqua che li salvò tutti dal morir della
sete : onde fu supposto che sì per questo mito ,
che per vedersi praticata sulla schiena quell' apertura bislunga, fosse destinato a decorare e a gettar
acqua in qualche fonte nocerina. Osservata però
attentamente quell' apertura ci siam convinti che
altro non sia , se non la sfogatoja per la quale
usciva la cera della forma nell'atto della fusione,
la quale sfogatoja essendo stata mal saldata dopo
la fusione , ora col lasso del tempo si è riaperta
staccandosene il tassello che la cuopriva.

Le fattezze intanto di questo becco sono belle
e grandiose , le proporzioni tali da imprimergli i
più bei caratteri della sua specie , il che massimamente si appalesa nel vivace movimento della
sua testa cui accresce decoro quel gruppo di velli
che gli pendono dinanzi al collo.

Molto ci sarebbe da osservare sul toro com-

pagno. Privo affatto di attributi non può ravvi-
sarvisi nè un toro Apide (1) adorato per tutto
l'Egitto, nè un toro del ciclo solare famoso ne' misteri mitriaci, e nè tampoco un toro dionisiaco,
come veggonsi espressi negli svariati monumenti
a noi tramandati dall'antichità (2). È certo però
che le forme di questo quadrupede e le diverse
sue parti son modellate secondo il gusto più squi-
sito delle antiche scuole.

E qui giova avvertire che leggendosi in più
luoghi di Pausania che gli Areopagiti dedicarono
un toro di bronzo nell'Acropoli di Atene (3), che
i Corciresi altro ne donarono ad Apollo, altro in
Olimpia (4), e molti buoi consegrarono nel tempio delfico nella Beozia ed altrove (5), probabilmente potrà inferirsi che il nostro una imitazione

---

(1) Sono celebri i tori Apidi che osservansi ne' bronzi egizî del real Museo da noi
descritti a pag. 104 e ss. della I.ª parte delle nostre descrizioni del real Museo Borbonico, non che i tori mitriaci de' bassorilievi ritrovati a Capri ed altrove, e da
noi benanche descritti a p. 244 e ss. della stessa opera.

(2) Un toro dionisiaco vedesi in una pasta della collezione Stoschiana, il cui originale trovasi nel gabinetto nazionale di Francia col nome dell'incisiore ΤΛΛΟΤ. Sto-
sch. pietre incise T. 40. Braci mem. 91.

(3) Pausania lib. I, c. 24.

(4) *Idem* lib. X, c. 9.

(5) *Ibidem* c. 16.

sia di talune di quelle antiche figure di qua(
pedi eseguite dal vivificante scarpello degli art
greci , i quali ne ornavano i tempî , quasi c
perenni al cospetto de' loro numi.

Giovambatista Fin

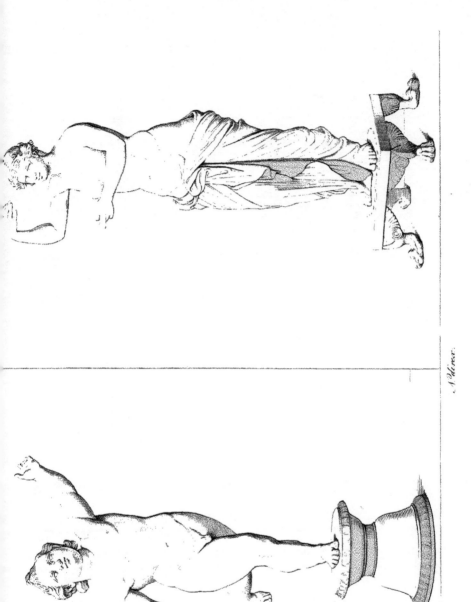

A Séwer.

VENERE , BACCANTE - *Figurine di bronzo , la prima alta palmo uno e tre quarti , la seconda palmo uno e mezzo.*

Le due bellissime figurine di bronzo che riunite presentiamo in questa tavola furono rinvenute nel 1845 negli stessi particolari scavi di Nocera , de' quali abbiamo tenuto proposito nella precedente tavola.

Graziosa , svelta , avvenente è la figurina di Venere panneggiata dal mezzo in giù , ed in atto di rimirar compiacente nello specchio, che aver doveva nella sinistra in parte perduta, le assestate trecce della sua chioma , nel mentre che con la destra elevata altro ornamento sembra che voglia accrescere alla sua troppo semplice acconciatura. In simile attitudine sono frequenti le immagini della Dea e ne' monumenti e nelle medaglie, attitudine che le meritò il soprannome di *callicoma* , ossia dalle belle chiome : e non può rivocarsi in dubbio che Venere gran cura prendesse della sua vaga capellatura, dappoichè ne ricorda

pollonio Rodio (1) , che allorquando Giunone e
ıllade si decisero di far visita a Venere perchè
adoperasse d' indurre Amore a rendere Medea
nante di Giasone , la Dea degli amori trovavasi
·volta dal mezzo in giù , come la mostra il
ıstro bronzo , occupandosi a riordinare la sua
ıioma.

> Sparsa e divisa sulle bianche spalle
> Ha la chioma che in ordine rimette
> Con un pettine d' oro, e mentre i lunghi
> Capei già ricompor volea in trecce

avvide che le Dee stavan per entrare nelle sue
anze ; allora

> Il crin non colto colle man raccolse.

A non ripetere quanto si è discorso di Venere
me *anadiomene* ossia uscente dalle onde, e come
llicoma ossia dalle belle chiome ; e senza intrat-
ıerci su tanti altri soprannomi cui davan luogo e
fattezze della Dea , e le sue svariate avventure,
r ciascuna delle quali ora un tempio se le erigeva,
. ora un particolar rito se le stabiliva, secondo ne
:ordano gli antichi scrittori , ci limitiamo ad

(1) Argon. III, V, 45 a 47.

osservare che il nostro bronzo proviene da un reputatissimo originale greco qui con molta intelligenza imitato, non lasciando desiderare in alcuna delle sue parti nè purezza di contorni, e nè tampoco scelta di forme, non ostante la molto avanzata ossidazione che ne altera la superficie in tutte le sue parti : in somma il nostro bronzo è cosi maestrevolmente composto e con accuratezza finito, che si meritò gli occhi incastrati di smeraldo, dei quali ora non resta che qualche leggerissimo indizio, ed un elegante suppedaneo a quattro zampe leonine mirabilmente a cesello intagliate.

Gaio, robusto, grazioso è il piccolo Baccante tutto nudo ed in atto di saltare correndo, nel mentre che poggia il destro piede ed alza il sinistro, equilibrandosi col destro braccio prosteso e col manco elevato, in modo da bilanciar la figura col più felice contrapposto. Il ciuffetto de'capelli erti ed annodati nel mezzo della fronte, e le vivacissime forme alquanto schiacciate del suo volto rendono questa graziosa figurina non poco grata allo sguardo dell' osservatore ; come lo star tutto poggiato sul destro piede ne ricorda l'uso che ebbero gli antichi di rappresentare i seguaci di Bacco scherzando e saltando, per alluder sempre alla ilarità dell' ebbrezza del loro nume , ed alla felicità che loro si prometteva nella vita futura fin dalle prime iniziazioni a' dionisiaci misteri. Questo pregevolissimo bronzo di ottimo stile greco, corretto in ogni sua parte , e di una carnosità rarissima ad ottenersi nelle fusioni di questo genere, poggia sopra una basetta formata quasi da due mezzi coni rovesci scorniciati ad ovoli elegantemente , e dal cesello a perfezione ridotti; il che si osserva a traverso della così detta patina della quale il tempo gli ha ricoperti.

Giovambatista Finati.

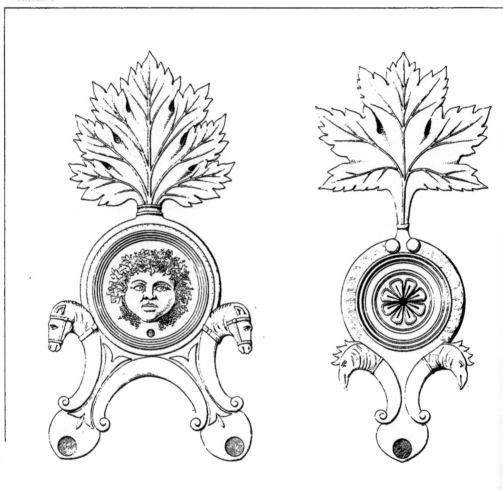

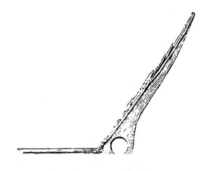

DUE LUCERNE *in terra cotta verniciata pervenute dagli scavi di Pompei: la prima alta palmo uno e sette decimi, larga sette decimi; la seconda alta palmo uno e tre decimi, larga otto decimi.*

Nel corso di quest'opera abbiam più volte parlato della copiosissima raccolta delle lucerne di terra cotta del real Museo Borbonico, la quale non è al certo meno importante delle altre molte che in esso sono riunite, sia che se ne consideri lo esteso numero di oltre a 1300 monumenti, e le svariate loro forme, sia che se ne esamini il diverso loro uso sacro o sepolcrale, pubblico o privato; ciò nondimeno ritorniamo volentieri su questa raccolta ora che la sorgente perenne degli scavi di Pompei ne ha arricchiti di altri tre preziosi esemplari, due de'quali essendo affatto nuovi e pe' loro ornati, e pel lavoro dell'argilla di che son formati, ci siamo affrettati a farli disegnare, incidere e qui pubblicare per questa LV tavola.

La prima ch'è a destra del riguardante è

monolicne, cioè ad un sol lume : la seconda *bilicne*,
ossia a due lumi; amendue di terra cotta invetria-
ta color verdastro di uno smalto cosi trasparente ,
che le diresti piuttosto di vetro che di argilla. Ed
è quésta invetriatura che la prima volta comparisce così netta e vivace , da metter queste due
singolari lampadi in cima della nostra raccolta ;
dappoichè oltre alla loro bella forma ed alla finitez-
za del loro lavoro, sono esse al caso di mostrare a
qual grado di conoscenze eran pervenuti i nostri
Pompeiani in fatto di chimica applicata alle arti;
conoscenze che dovevan esser comuni a tutte le
altre Italiche regioni.

La prima è della solita forma così detta a
nave. La parte di mezzo è circolare ornata come
in altri simili monumenti di diversi cerchi eccen-
trici che circondano un rosone con un foro nel
mezzo , per dove infondevasi l' olio : dal lato anteriore si produce e viene avanti il becco col foro
pel lucignolo : dall' opposto lato va fuori e leggermente s' incurva all' in su un pampino accerchiato
da una fascetta nel suo gambo, e al di sotto nella
grossezza del sostegno del pampino è ingegnosamente
praticato un anello della capacità da potervi im-

mettere l' indice , formando con ciò il manubrio
molto adatto a maneggiare e trasportare secondo
il bisogno questa graziosa lucerna.

È notabile l' elegante ornato ch' è alla periferia
somigliante ad una scorniciatura di ovoli lavorati
a minutissimi ed equidistanti puntini , come pure
osservabili sono le due teste e colli di grifi addossati
al becco , e che esternamente sporgenti al di sopra ,
e terminanti al di sotto in due piccoli cartocci
riempiono la composizione , cui dà compimento
la dilicatezza ed il fuito del leggiero pampino che
adorna il manubrio.

La seconda è di forma simile alla prima, se
non che ha due becchi , come abbiam detto. Nel
mezzo evvi a bassorilievo la maschera di un Baccante coronata di edera con corimbi , essendo
praticato l' infundicolo dell' olio in un foro poco
discosto dal mento. Questa maschera è circondata
da' soliti diversi cerchi , l' ultimo de' quali ha nella
parte interna della periferia un leggerissimo ornato
a *zig-zag* lavorato a puntini cosi minuti che risve-
gliano l' idea del merletto. I due becchi sono ornati
esternamente da due teste e colli di cavallo che
al di sopra s' incurvano in fuori, e prolungati al

di sotto finiscono in piccoli cartocci; ed internamente tra un becco e l' altro è rilevata una zona semicircolare come luna falcata, i di cui estremi finiscono ancor essi in simili cartocci, i quali unitamente a quella specie di foglia terminante a calicetto alquanto rilevata sulla superficie producono il più bello effetto che possa desiderarsi nell' ornamento di un bene immaginato becco di lucerna. Meritano osservazione le dilicate e precise testiere che rivestono le teste de' cavalli, non che le due cinte de' rispettivi colli, negli estremi delle quali anzi che essere accennati i fermagli, sono indicate le fibule con le rispettive orlature che le assicuravano intorno al collo de' cavalli. Il manubrio è simile a quello descritto nella prima lucerna, se non che il pampino è accerchiato da due fascette nel gambo molto più grande dell' ordinario, ed è più folto e più ammassato dell' altro, sebbene conservi la sua naturale lobolatura; il che ha potuto facilmente derivare dal trasporto del pampino che l' artefice dovè fare dal grande al piccolo, o più verosimilmente da quelle licenze che spesso spesso costoro si prendono allorchè lavorano di maniera, senza aver presenti gli esemplari della natura, tanto più che talvolta sono trasportati ad alterarne le forme o qualche parte di esse per ottenerne un effetto soddisfacente all' occhio di un committente o degli osservatori.

In quanto all' uso di queste due lucerne possiamo dire senza gran tema di errare ch' esse appartenevano alla classe delle sacre, e segnatamente al culto di Bacco, dandone sufficiente pruova i pampini che formano la decorazione de' manubrî, e la bella protome di Baccante che a bassorilievo è scolpita nel mezzo di questa seconda lucerna.

Giovambatista Finati.

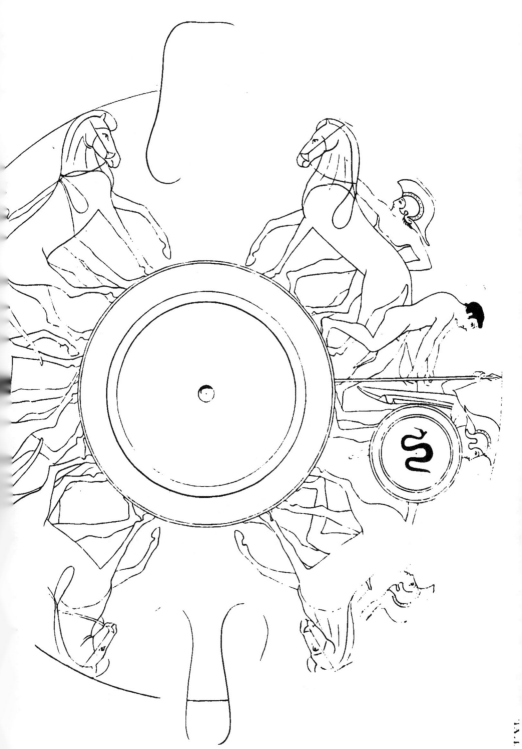

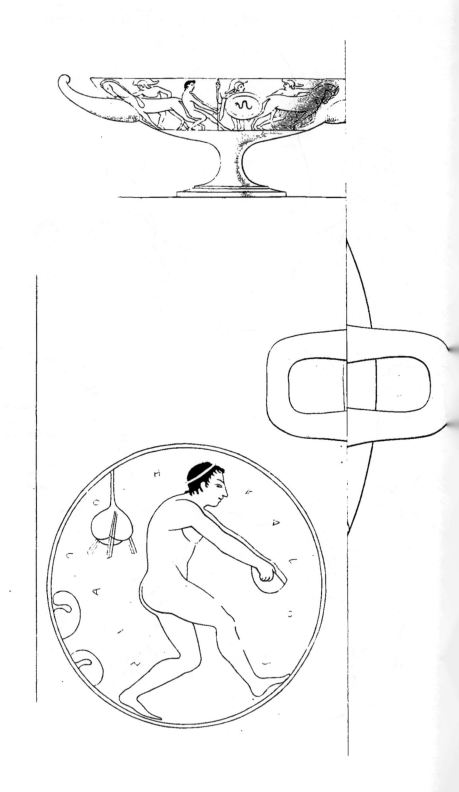

Patera *figurata di terra colta.*

Questa bellissima tazza, che ci venne dalle scavazioni di Vulci, dovette esser donata in premio
a qualche giovane per l'esimie pruove del suo valore vuoi nell' equitazione vuoi ne' fatti ginnastici.
Alle prime mi par che accennino i cinque personaggi di fresche sembianze: de' quali uno a capo
scoperto e quattro ricoperti da' cimieri, par che
si addestrino a montar d'un salto a cavallo, e
ciò eseguano davanti ad altro guerriero, galeato
esso pure, ma armato di lancia e scudo con
sopravi grossa cerasta, il quale stia non da semplice
spettatore, ma qual giudice di loro destrezza. E
questa conghiettura rendono probabilissima le due
solite leggende che corronvi per attorno in arcai-
che lettere: HO ΠΑΙΣ ΚΑΛΟΣ, HO ΠΑΙΣ ΚΑΛΟΣ, *il
giovane bello, il giovane bello,* prendendo la
parola *bello* anche nel senso morale. E questo stesso è il senso dell' iscrizione, che, a conferma della
medesimezza dell' argomento, ripetesi nell' interno del vaso, comechè non replicata: dove è

notevole che il ΚΑΛΟΣ sia scritto da destra a sinistra , ed ΗΟ ΠΑΙΣ da sinistra a destra. E con siffatta epigrafe si allude al giovine che spicca un salto tenendo in mano due *altèri* (ἀλτηρɛς), che è come un dire due gran masse di piombo, simili alle altre due che stanno nel campo presso al cerchio da cui quello si chiude. E ben si vede in esse l' incavo fattovi perchè la mano potesse comodamente adagiarvisi per sollevarle, ovvero per girarle a tondo, affinchè i muscoli gran forza per siffatto esercizio , che *alteria* (ἀλτηρια) addimandavasi, acquistassero. Il sacco poi, che si vede pendere nel campo, è quello dove contenevansi gli altri strumenti del ginnasio, che è il sito qui rappresentato , e che in un luogo d' Antillo presso Oribasio (1) è detto γυμνασιον ἀλτηριων , *ginnasio delle alterie.*

Bernardo Quaranta.

_____

(1) Pag. 125 *Matthaei.*

RELAZIONE

DEGLI

SCAVI DI POMPEI

Da Agosto 1842 a Gennaio 1852.

———

Doᴘᴏ alquanti anni di sonno profondo risvegliatasi questa opera per camminare al suo fine, non sarà meraviglia se questa nostra relazione degli scavi pompeiani riescirà alquanto più lunga delle precedenti; e lasciando alla fine di essa di discorrere le generalità di questi cavamenti, ci tratterremo alcun poco sulla descrizione della più bella casa che si sia rinvenuta in questo lungo periodo di tempo.

In una strada larga quanto le principali di questa città, che partendo dalla così detta porta del Vesuvio e incrociandosi con la via della Fortuna scende radendo da' Teatri alla porta di Stabia ultimamente scavata, di cui parleremo, strada detta delle Sonatrici da alcuni dipinti nelle sue adiacenze rinvenuti, è posta la casa di Marco Lucrezio sacerdote di Marte e duumviro, così chiamata dal dipinto in essa rinvenuto, nel quale fra molti utensili da scrivere si vede una lettera suggellata col suo indirizzo, il quale molti hanno letto *Marco Lucretio Flamini Martis Duumviro Pompei*: a Marco Lucrezio Sacerdote di Marte Duumviro in Pompei. Questa casa ha il suo ingresso

★★

alla sinistra dell'uomo che partendo dalla strada della Fortuna scende a' Teatri.

Sono marcate de'N.ⁱ 2 e 3 le due stanze e stanzino contiguo che fiancheggiano l'ingresso N.° 1 di questa casa, che alcuni hanno creduto botteghe, e che potrebbero forse dirsi, appoggiandosi sull'autorità di Gellio, aver servito di vestibolo, cioè stanze esterne della casa istessa per dar ricovero a coloro che aspettavano l'apertura di essa per esservi introdotti. Sono disadorne e solo vi rimangono alcune tracce di pitture sul fondo bianco, particolarmente nel camerino segnato di N.° 2. Il N.° 1 contrassegna l'adito o ingresso, *Protiro*, della casa. Questo adito è adorno di pitture che sembrano appartenere all'ultima epoca di Pompei. Queste pitture sono così disposte. Cinge il basso de'muri un zoccolo spartito in compartimenti di marmi a varî colori. Sopra esso in fondati celesti divisi da pilastri rossi veggonsi candelabri dipinti come se fossero di oro. Ne' due compartimenti del centro delle pareti di questo adito sono due quadri. Quello di sinistra, mezzo perduto nella metà che ne resta, mostra dal mezzo in giù tre figure, una delle quali sostiene in ambe le mani due faci rovesciate. L'altro dipinto a riscontro di questo assai ben conservato rappresenta una sonatrice di flauto in atto di camminare suonando con un uomo su di essa appoggiato, e preceduta da un giovinetto tunicato che ha in ambe le mani una face accesa, e che noi reputiamo indicare per le ragioni che anderemo ad esporre una tibicina che si avvia alle orgie di Bacco. Nel centro degli altri tre compartimenti, poichè il quarto è occupato dalla porta della scala N.° 4, sono tre figure volanti, designate comunemente col nome di baccanti, una che sostiene un corno di abbondanza, la seconda un rostro di nave, l'ultima un tirso ed un cembalo. La stanza N.° 4 conteneva una scala di legno, le di cui tracce sono visibilissime nel muro, ed i cui primi gradini di fabbrica sono tuttavia esistenti. Nel sottoscala dimorava forse lo schiavo che in questa modesta casa è

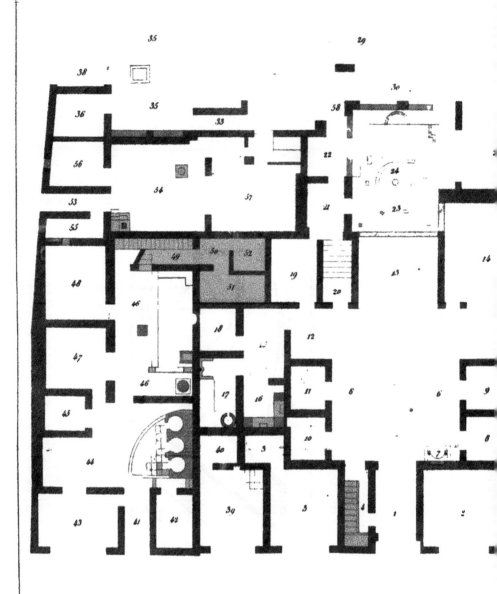

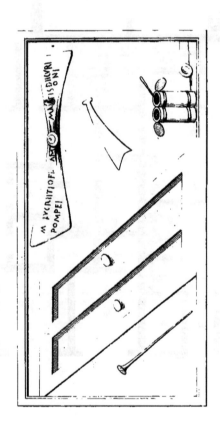

supponibile avesse il doppio uflicio di portinaio e di atriense, che mediante le due aperture di questo corridoretto, una accanto la porta d'ingresso, l'altra sporgente sull'atrio, poteva simultaneamente esercitare questi due uflici, e vigilare ad un tempo il protiro e l'atrio.

Il N.° 5 indica il compluvio dell'atrio toscano, la cui vasca che doveva esser marmorea è stata trovata mancante, forse levata via con tante altre cose di questa sepolta città dagli antichi istessi dopo l'eruzione. L'atrio toscano è segnato col N.° 6. Esso è vagamente dipinto. Ha un zoccolo spartito in varî compartimenti di marmi dipinti a perfetta similitudine del vero, fra i quali spesseggiano il porfido e il serpentino. Sopra questo zoccolo sono a varî colori delineate architetture grottesche sopra un fondo celeste che ha resistito alle rovine e alla sepoltura di 18 secoli. Di questo colore gli antichi erano accuratissimi fabbricanti, ed in una bottega di droghiere *(pigmentarius)* vicinante a questa casa ne abbiamo trovato di bellissima qualità.

Il N.° 7 contrassegna una edicola su la quale avevan culto i Dei Lari. Questa edicola tutta gentilmente lavorata di stucco colorato aveva il suo fastigio sostenuto da due colonne, la cui pianta tuttavia è conservata. Il pavimento di questo atrio è di musaico bianco, con alcune fasce nere, ed un meandro pure nero che cinge la vasca del compluvio. Questo atrio, come quasi tutti gli atrî della sua specie che si son rinvenuti in Pompei, è fiancheggiato dalle due ale N.° 12, ed ha in fronte il tablino N.° 13 che descriveremo a suo luogo. Le stanze che si aprivano su di esso, e che da lui ricevevano la luce e l'aria a via di una finestra che era nell'alto dell'uscio che le chiudeva, sono tutte dipinte su fondo bianco, colore scelto sentitamente siccome quello che ripercotendo la luce è più che ogni altro adattato alle stanze poco luminose.

La camera N.° 8 ha le sue pitture spartite in varie grottesche che hanno base sopra un zoccolo giallo, ed ha in ciascheduna delle tre pareti che la compongono due genietti ed un piccolo quadro, il tutto come abbiam detto su fondo bianco. Questi genietti o amorini alati riposano sopra mensole sporgenti dal muro dipinte color di oro. Il primo a destra dell' uomo che entra in questa camera ha un elmo in una mano, ed un turcasso nell' altra. Quindi si vede nel centro della parete dipinto in un quadrettino (di quattordici decimi di larghezza) Endimione seduto con un cane a' piedi che guarda verso la luna, che bicornuta spunta all' angolo opposto ove siede Endimione. L' altro genietto tiene nella destra un cimiero, nella sinistra uno scudo e la lancia. Poi nella parete dirimpetto la porta si vede altro genietto simile con elmo in testa, una daga nella destra, e sostenente uno scudo con la sinistra.

Nel quadro di mezzo, di dimensione simile a quello di già descritto, è dipinto il centauro Chirone che ammaestra Achille a suonare la lira; soggetto di bellissima composizione molte volte ripetuto nelle pitture ercolanesi e pompeiane, e che doveva avere per tipo qualche famoso dipinto dell' arte antica. Dall' altro lato è un consimile genietto anche galeato che imbraccia lo scudo e sostiene una lancia. Nella terza parete sono due altri genietti con scudo e lancia variamente atteggiati, e nel quadro centrale è dipinta una vaga nereide che abbracciandosi al collo di un cavallo marino, di cui tiene il freno con la mano sinistra, alza la destra sopra la testa per tenere il lembo di un panno che, quasi vela, dal vento gonfiato le lascia nudo il suo corpo giovanile bilanciato sulle onde. Nel compartimento superiore si veggono quattro maschere sceniche e due figure di attrici una comica come si rileva dal pedo e dalla maschera che tiene in mano. L' altra stanza N.° 9, pure spartita in due compartimenti come la precedente, ha dipinto in tre quadretti una nereide con un ventaglio in mano seduta sopra un delfino che si vede di spalle. Negli altri due, che mal si raffigurano perchè molto danneggiati, sembra effigiato in uno Ciparisso poichè ha una cerva a' suoi piedi, nell' altro appena si ravvisano due figure. Quattro altri quadrettini, ne' quali in campo nero sono effigiati genietti con animali, fiancheggiano i due quadri di sopra descritti, mentre quello che occupa il centro della parete dirimpetto la porta ha a' suoi lati due fauni danzanti, uno con un cestello di frutti in ispalla e un capretto nella senistra, l' altro con un vaso di argento sull' omero sinistro ad un pedo o bastone pastorale nella man destra. Nel compartimento superiore si veggono sei genietti, una citarista seduta, ed una donna in atto di andare a ministrare ad un sacrifizio portando una cesta di offerte in una mano, ed una lepre nell' altra. La terza figura muliebre scettrata ha in testa la pelle di un teschio di elefante con la proboscide eretta sulla sua fronte ed una chimera a' piedi; questa figura simboleggia forse una provincia. Tutte e tre queste figure riposano sopra tre piedistalli in due de' quali sono dipinti due paesi (*topiaria opera*), nell' altro di fronte alcuni pesci.

Nelle pitture della stanza N.° 10 spartite nell' istesso modo delle altre precedentemente descritte sono rimarchevoli tre quadretti. In quello dirimpetto la porta è espresso un Pane *Ithofallo* che con atto inverecondo solleva il pallio di una baccante addormentata. In quello a destra è a sponda di un' acqua una Ninfa che pare in atto di ammaestrare al nuoto due amorini che in quell'acqua si vedono immersi; dico pare, perchè questo quadretto è molto guasto. Nel terzo quadro è dipinto un Narciso con due dardi in mano che dritto in piedi si china a riguardarsi nelle onde per lui fatali, ed un amorino che rovescia una face quasi a presagire il doloroso fine di quel vano e leggiadro garzone: questo quadro ora distaccato è stato trasportato nel real Museo.

Appariscono nel compartimento superiore maschere e genietti, una citarista seduta, una sacerdotessa che scoperchiando un' acerra di oro è nell'atto di mettervi l'incenso, e due altre figure appena visibili. Sarebbe difficile determinare a qual uso servisse il piccolo incavo che si vede in un angolo di questa stanza, dipinto anche esso come la camera , e dove si scorge un genietto che tiene un tirso ed un riton nelle mani. Nella parte superiore di detta camera le dipinture sono talmente guaste che appena si distinguono.

La stanza N.º 11 anche essa dipinta come le precedenti ha nel compartimento superiore la Vittoria da noi pubblicata nella tavola XLV di questo stesso volume , la quale ha base sopra un quadretto di paese esprimente il corso di un fiume , ed è fiancheggiata da due genietti muliebri tunicati con ali di farfalla. Nelle pareti laterali sono i due quadretti di animali descritti nella tavola XLIV di questo medesimo volume. Sopra di essi stanno su due globi due baccanti , una con un tirso in mano, l'altra veduta di spalle che suona un cembalo, fiancheggiate da quattro genietti volanti. Nel compartimento di basso sono rimarchevoli sette pitture, quattro rotonde e tre quadrate; nelle tre quadrate si vede in quella a destra rappresentato il rozzo Polifemo monoculo che siede a sponda di mare coronato di palustri canne , tenendo in una mano un pedo e stendendo l'altra a ricevere una lettera che gli porge un gentile amorino cavalcante un delfino. Questo subietto più volte rinvenuto in Ercolano e Pompei doveva essere la copia di un quadro molto famigerato nell'antica pittura. Nel quadro dirimpetto la porta mancante di una figura è espressa una ninfa seduta in attitudine di pescare con altra donna alata vicino ad essa che tiene un ramoscello di ulivo in una mano. Nel terzo quadretto è dipinto il caso di Elle quando dal montone cade nel mare, cui Frisso stende invano la mano per ajutarla. Questo quadretto è stato pure distaccato , ed è nella collezione del real Museo Borbonico.

De' quattro tondi due fiancheggiano il quadro che sta dirimpetto la porta, gli altri due sono uno da un lato l'altro dal lato opposto della porta istessa. Ne' due dirimpetto la porta sono dipinti i busti di Marte e Venere che si riguardano. La testa di Marte è galeata, e si vede l'estremità del suo scudo d'oro che gli cuopre la spalla sinistra. Venere è rappresentata con diadema in fronte, ed un amorino a lato che stendendo un braccio è in atto di porgerle un ventaglio o *flabello* in forma di foglia, come lo abbiamo trovato tante volte dipinto nelle pitture ercolanesi e pompeiane. I due tondi che fiancheggiano la porta, dipinti a riscontro di questi, rappresentano le teste di Giove e di Giunone.

Rientrando nel cortile toscano di questa casa si veggono le due ale marcate col N.° 12; quella alla dritta dell'uomo che entra nel cortile è in questo modo dipinta. Sopra un zoccolo come se fosse di marmo bianco leggermente venato gira una fascia rossa ornata di ippocampi, delfini, e mostri marini. Nel compartimento superiore nel quale domina il fondo giallo erano cinque quadretti tutti distaccati e trasportati nella collezione del real Museo, due de'quali rappresentavano due poeti drammatici, uno nell'atto di ammaestrare un attore. Questa ala che si alzava con uno scalino marmoreo sul pavimento dell'atrio aveva in terra un musaico bianco e nero a varie riquadrature. L'altra ala a riscontro di questa è così dipinta. Un zoccolo rosso con uccelli e fogliami, su di esso architetture grottesche dipinte sopra fondo giallo, in mezzo alle quali due quadretti, uno rappresentante una scena di commedia, in cui vedesi una vecchia con maschera comica ed il pedo nella mano sinistra, la quale alza la destra in atto di voler trattenere un'attrice che parte. L'altro quadro in cui si scorgono appena tre figure, due di bambini ed un'altra virile, potrebbe rappresentare una scena tragica de'figli di Medea col Pedagogo. La parte alta di questa ala è molto danneggiata, ed il suo pavimento è del genere detto *opus signinum* (1), cioè un impasto di calce con frantumi di vasi di creta, arrotato poi e spianato con pezzetti di marmi qua e là in esso incassati.

---

(1) Plin. lib. XXXV. 12, 46. Quid non excogitavit ars? Fractis etiam testis utendo sic, ut firmius durent tusis calce addita, quae vocant *signina*. Quo genere etiam pavimenta excogitavit.

Il tablino N.° 13, che pure si solleva con uno scalino di marmo sul pavimento dell'atrio, ha in prospetto il giardinetto di fiori N.° 23 col fonte N.° 24 che descriveremo a suo luogo, i quali dovevano col loro aspetto ridente e svariato rallegrare la dimora in questa stanza. I due quadri che ornavano il centro de' due muri che lo fiancheggiano si sono trovati distaccati dagli antichi istessi, e vi erano stati trasportati da altre pareti, come quelli del triclinio N.° 14 che in appresso descriveremo. Su questi muri, diligentemente dipinti fino agli orli delle pitture che in essi erano incassate, vi si vede chiara la impronta della cassa di legno che sosteneva l'intonaco di queste pitture con le sbarre orizzontali su cui erano inchiodate le tavole verticali, delle quali era detta cassa formata. I medesimi bisogni suggeriscono soventi volte le istesse idee. Una prova ne è che non solo gli antichi conoscevano questa industria del distaccare e trasportare da un muro all'altro le pitture delle tonache, ma ciò che è più si servivano degli stessi metodi che usiamo noi, poichè ne tagliavano gli orli e le racchiudevano in casse di legno, come ci han lasciato scritto Vitruvio (Lib. II cap. VIII) e Plinio (Hist. lib. XXXV cap. 49). Il pavimento di questo tablino ha nel centro una riquadratura commessa di varî marmi, come alabastro, serpentino, giallo antico e altri, scompartita in varî disegni, ed è larga palmi 7 e 2/10 in quadro circondata da un meandro di musaico bianco e nero. Le due pareti di questo tablino, nel cui centro mancano i quadri levati via dagli antichi istessi, sono gentilmente dipinte con architetture grottesche sopra un fondo giallo. Il zoccolo che gira attorno a questi muri è dipinto a marmo verdastro.

Questo tablino aveva il lacunare o soffitto lavorato a cassettoni con rosoni indorati, i cui frammenti si sono rinvenuti in gran copia nelle macerie dello scavo.

Fra le più belle pitture che si siano rinvenute negli scavi pompeiani ed ercolanesi sono certamente quelle che adornavano il sontuoso triclinio di questa casa segnato col N.° 14. Queste pitture consistono in tre quadri con figure grandi al vero, fiancheggiati da sei piccoli quadrettini ove sono espressi genietti in picciola dimensione. Siccome questi dipinti per la loro importanza meriteranno un distino posto in questa opera, così saremo contenti a parlarne qui succintamente e per modo generale, senza inoltrarci nella loro speciale illustrazione. E prima di tutto avvertiremo a una singolarità materiale di questi dipinti, e questa si è, di essere stati tutti tagliati da altro luogo, e trasportati ed incassati ne' muri di questo triclinio con artifizio meraviglioso, del quale non abbiamo ne' nostri tempi nè esempio nè norma. E di ciò abbiamo avuto luogo a convincerci avendo ravvisato attorno a questi quadri un distacco a fenditura capillare, nella quale entrava a stento una lama di temperino, ma ciò non pertanto perfettamente distaccata dallo intonaco circostante. Quello che ha fissato il nostro convincimento su questo fatto straordinario dell'antica meccanica si è stato primieramente il paragone della malta o composizione di cemento de' due intonachi, di quello cioè de' muri e di quello dei quadri che abbiamo trovato diversissimi l'uno dall'altro.

I tre grandi quadri rappresentano secondo noi, uno Ercole iniziato a' misteri *Jacco Eleusini*, l'altro una *Theogonia*, o rappresentanza ricordevole della nascita di Bacco, poichè si vede sopra un carro trionfale il *balio Sileno* col pargoletto Bacco nelle braccia circondato da fauni e baccanti di ambo i sessi: questi due quadri si sono distaccati per far parte della collezione del real Museo. Nel terzo che rimane ancora al suo posto è espresso Bacco trionfatore delle Indie, cinto di trofei con i duci vinti incatenati avanti i suoi piedi, e una Vittoria che nota sopra uno scudo le vittorie di Bacco. Questi gran quadri come anche gli otto piccoli esprimenti genietti erano incassati in grottesche vaghissimamente dipinte sopra fondo tinto del più vivace cinabro, in nulla inferiore al più bello che adesso somministra alla pittura il Celeste Impero. Questa tinta brillantissima allorquando si scava percossa da' raggi del sole

⁂

perde tutto il suo brio, e cangiasi in nero. Il pavimento di questa camera è di musaico bianco e nero lavorato diagonalmente in una greca che s' intreccia nel modo medesimo di quella che da tanti anni si ammira nell' atrio della casa pompeiana detta del cignale.

Nello scavare questo triclinio si rinvennero attorno di esso le tracce di un ricco sedile che lo circondava in tre lati a modo di divano. Questo sedile era poggiato sopra otto piedi di legno tornito rivestiti da laminette di argento con anima di ferro nel mezzo fissata nel pavimento. Questa stanza prendeva luce da tre finestre, due aperte nell'alto e sporgenti su i tetti delle adiacenti botteghe, e la terza che godeva del prospetto e de' profumi del giardinetto N.° 23, poichè aveva il suo parapetto a livello di esso. Due eran le porte che introducevano in questa ornatissima camera destinata certamente *ad festas dapes*, a' conviti festivi del pompeiano che in questa bella casa abitava; una di queste porte grande e diremmo noi di parata aperta nell' ala N.° 12, l'altra piccola sporgente sull' atrio, forse destinata agl' inservienti a' banchetti che s' imbandivano in questa nobile stanza.

Lasciando questa parte dignitosa di questa casa entriamo nelle più modeste, ma non men necessarie stanze di essa, e vedremo che il N.° 15 segna una stanza disadorna che è il *procoeton* o l' anticamera dell'agiamento N.° 16, in cui due simultaneamente potevano sedere, come rilevasi dal doppio seditore che in esso apparisce.

Da questa stanza si entrava pure nella cucina N.° 17 e nella dispensa N.° 18 che aveva una finestra di comunicazione con la cucina. Nella cucina si vede chiaro il focolaio col suo piccolo forno, il gettatore ossia foce della cloaca dove dalla tavola sovrapposta scolavano le acque con le quali si purgavano le stoviglie che servivano alla mensa.

Il N.° 19 marca una stanza forse destinata a dimora di qualche inserviente di questa casa. Contrassegna il N.° 20 la scala che conduceva alle stanze nobili del piano superiore di questa casa. Questa scala, che

dagli incavi che si veggono ne' lati de' suoi scalini e da qualche frammento rinvenuto siamo certi essere stata rivestita di marmo , ha i suoi
muri dipinti di rosso nella parte inferiore, di bianco nella superiore.
Prendeva luce da una finestra aperta sull' atrio , e serviva di fauce o
corridore al contiguo tablino N.° 13. Nel pianerottolo sulla parte inferiore
in campo rosso sono dipinte le maschere descritte alla tavola XLIV di
questo stesso volume, e due altre maschere molto corrose, vicino ad una
delle quali è un cignale e che potrebbe dirsi di Meleagro , e all' altra
un bicchiere d' oro con serpente che lo circonda che potrebbe attribuirsi
ad Igia. Le pitture che ne ornano la parte superiore consistono in grottesche di una gran semplicità, fra cui sono framezzate mascherette ed
uccelli. Il *procoeton* o anticamera N.° 21 è dipinta con molta vaghezza a
varie grottesche su fondo giallo con sfondi bianchi, e vi sono rimarchevoli
molto guasti due quadri, uno di paese mezzo distrutto, l' altro dove si
travedono due figure appena distinguibili. Sonovi anche dipinti cinque
genietti con simboli guerrieri che potrebbero dirsi genî di Marte.

Questa stanza prendeva luce da una finestra sporgente sul giardino
e dava ingresso all' altra tesa di scala che saliva alle parti superiori
della casa. Le imposte de' travi che ne sostenevano il soffitto sono a nove
palmi dal suo pavimento che era di *opus signinum* come quello del
contiguo corridoio, nel cui recesso N.° 22, dipinto a grottesche su fondo
bianco, sono le tavolette, lo stilo, il raschiatore, il calamaro e la lettera
su cui si è letto da molti

MARCO·LVCRETIO·FLAMINI·MARTIS·DECVRIONI·POMPEI·

A Marco Lucrezio Sacerdote di Marte Decurione in Pompei.
Iscrizione che ha dato il nome e questa casa , e alla cui interpetrazione ,
sebbene non nostra , noi pienamente acconsentiamo.

Passiamo ora a descrivere la *flora* o giardinetto N.° 23 molto
industriosamente collocato pe' riscontri che ha colle principali stanze
di questa casa, che con la sua amena veduta , con le chiare acque della

fonte, e con i profumi de' suoi fiori era inteso a rallegrare. Nel
nte di questo giardino dentro una nicchia della forma di un' edicola
nicircolare tutta lavorata di mosaico con conchiglie evvi un ornato che
alta sopra un fondo turchino di fogliami e canne palustri. Dentro la
cchia è una statuetta di Sileno che si appoggia ad un tronco di albero
a pal. 2 7/10 scolpita in marmo pentelico con nebride ad armacollo,
stenente col braccio sinistro un otre, dalla cui bocca grondava l'acqua
e scendendo in cinque veli da cinque scalini si raccoglieva in un
naletto N.° 24, mediante il quale si versava nel baciletto rotondo, dal
centro un zampillo scaturiva mormorando ad animare questa fontana.
ie condotti di piombo con la lor chiave di bronzo tuttavia in opera
rtavano l'acqua a volontà di chi gli apriva e chiudeva, uno alla bocca
ll' otre del Sileno, l'altro al zampillo del centro della flora. Non è da
ersi che sul pilastro, il quale sovrasta alle chiavi dell'acqua, è con un
iodo graffito un laberinto che qui pubblichiamo alla tavola a. in
ie di questo volume. Due ermette bicipiti fiancheggiano la edicola
l fonte esprimenti una Bacco ed Arianna l'altra un Fauno ed una Fau-
. Due altre erme bicipiti sono al fronte della flora verso la bocca del
olino esprimenti ambedue Bacco.Indiano ed Arianna. Attorno al bacile
mezzo a' fiori erano qua e là disposti come si vede nella pianta diversi
imali di marmo cioè un'oca, un cavallo, una vacca, due ibis, tre conigli
due delfini che addentano due polipi con due amorini su di essi saliti,
atto di essere così liberati dalle branchie di quei voraci animali con
aita di quei due pesci, cui l'antichità attribuiva una gran simpatia pel
nere umano. Di questo stesso subietto si è rinvenuto in Pompei un
riolario o lucerniere di bronzo di stupendo lavoro che illustra il
stro Segretario perpetuo Comm. Quaranta, e nella cui rappresentanza
vvisa il simbolo della forza benefica che prevale sulla forza malefica.
n altro gruppetto di un Pane barbuto, cui un giovine faunetto toglie
ia molesta spina dal piede caprigno. Finalmente una statuetta di un

fauno in atto di riguardare verso il sole facendosi riparo con la man destra da' suoi raggi, alta palmi 2 e 8 decimi, ed un' altra erma di un fauno scolpito a mezza figura che ha raccolto nella nebride un caprettino, che la capra sua genitrice alzandosi sulle gambe di dietro è in atto di reclamare belando. Il fauno tiene una fistola nella destra. Questo gruppetto è alto palmi 3 e 4 decimi. Lungo sarebbe il descrivere tutte le convenienze ed avvertenze per lo scolo libero e fluente delle acque acciò non avessero danneggiato le camere circostanti. Così questa vaga fioriera era collocata in modo tanto industrioso da essere in riscontro con le principali stanze della casa, fra le quali l'*Eco* o *Esedra* N.° 25 che si apriva sul fianco di esso giardino. Questa camera una delle più grandi della casa (*Oeco* o *Exedra* che fosse) era tutta dipinta con graziosissime grottesche su fondo bianco fra cui genietti, baccanti, candelabri, uccelli e varie altre simili vaghezze si compongono in un insieme vario e grazioso al di là di ogni descrizione. Fra i genietti che vi si ammirano ve ne sono sei che vendemmiano, e sei altri che a modo de' nostri fanciullini fanno il gioco, come essi dicono, della *cecatella*, con differenza da quello de' nostri fanciulli, che il bambino bendato è attaccato con una corda ad un chiodo piantato in tetra acciò nel suo cammino sia circoscritto, e gli altri cinque lo tormentino con bastoni, con gridi e simili strazî infantili, senza che al paziente sia dato agio di prenderli al di là del raggio limitato dalla corda che lo lega.

Il pavimento di questa bella esedra è di mosaico bianco ed aveva nel centro in una riquadratura cinta di un meandro nero forse un quadro di musaico che non si è trovato, e che o è stato portato via dagli antichi stessi, o non era ancora stato collocato quando l'eruzione cuoprì questa bella casa. Per la scala N.° 26 si scendeva a una stanza sotterranea la di cui porta è murata dagli antichi istessi. Il corridoio segnato di N.° 30 ha zoccolo giallo, fondi rossi con animali; il suo pavimento è di lapillo vulcanico con pezzetti di marmo bianco incassati

ntro di esso. Questo pavimento è lavorato nel modo medesimo dei
trici che cuoprono quasi tutte le case di Napoli. La stanza N.° 27
disadorna e forse una guardaroba o dispensa. La stanza N.° 28 sem-
a un cubicolo o stanza aggregata dell'altro cubicolo più grande
' 29. È dipinta con fondo giallo in cui erano tre quadretti ora per-
ti fiancheggiati da amorini, ed aveva nella parte superiore in un
gio bianco varie figurine in mezzo a grottesche. Fra queste figure
veggono un fauno con un pedo in una mano e il calamo nell'altra,
una donna con una cesta di fiori e frutta. Il pavimento è di opera
nina con pezzetti di marmo.

Il cubicolo N.° 29 che si apre dietro il giardinetto era nella parte
teriore decorato di pitture, ed in quella ove doveva esser collo-
to il letto adorno di tappezzerie. Poichè in quella parte di questa
nza si veggono interrotte le pitture e ricoperti i muri di semplice
onaco bianco. Queste tappezzerie è noto essere state molto in uso
ll'antichità, e dicevansi *aulaea* da' Latini, *peripetasmata* da'Greci, ed
ano qualche volta figurate e tessute con oro come quelle che Verre
dire di Cicerone involò in Sicilia. La parte dipinta di questa ca-
era ha compartimenti di grottesche su' fondi vicendevolmente rossi,
illi e bianchi con zoccolo nero. In essi erano due quadretti; uno dei
tali rappresentava Apollo e Dafne con quattro busti di divinità fian-
eggianti i detti quadri, due muliebri che non hanno distintivi di
vinità, ed uno virile nel quale sembra espressa una testa di Bacco
l tirso che tiene; il quarto è perduto.

Il N.° 30 segna un corridoio sul quale si aprono le stanze sopra
scritte, e le mette in comunicazione fra loro senza disturbarne l'uso.
uesto corridoio ha un zoccolo rosso alto palmi sei e mezzo sul quale
veggono dipinti candelabri grotteschi sopra fondi bianchi adorni di
ondi. La stanza N.° 31 è una camera che mette in comunicazione la
sa principale con la contigua casetta che secondo me era la fore-

steria (*hospitalia*) di questo pompeiano palazzetto. Poichè ripeterò quello da me altra volta detto sulle tracce di Vitruvio (1), che gli antichi Greci ne' tempi della loro più grande opulenza e squisitezza di civiltà ricevevano il primo giorno gli ospiti nella casa comune, e ne' giorni consecutivi assegnavan loro una casetta contigua alla loro, acciò i padri di famiglia potessero viverci a loro agio e senza essere incomodati dalla presenza de' padroni di casa, e quasi si credessero in casa propria, mandando loro tutte le provvisioni e tutto ciò che era necessario alla loro agiata dimora. Questo costume de' Greci mi pare fosse frequentemente seguitato da' ricchi pompeiani, mentre nelle grandi case pompeiane sono frequentissimi gli esempi di queste casette aggiunte, picciole ed eleganti, che non potevan secondo me servire ad altro uso. In questa camera era una scaletta che saliva alle parti le più elevate della casa istessa che adesso sono perdute alle nostre ricerche.

Il N.° 32 segna il tablino della foresteria chiuso con due tendali e dove si apre sul picciolo atrio N.° 35, e dove comunica colla camera N.° 31. Questo tablino è gentilmente dipinto ne' suoi due muri in tre compartimenti orizzontali adorni di grottesche, cioè zoccolo nero, parte media rossa e gialla, e fregio bianco, fra le quali grottesche si distinguono tre amorini volanti, uno con frutti, l'altro con un vase ed un tirso, il terzo con una lira. In questo tablino si rinvenne una biga con molti ornamenti di bronzo, ora nel real Museo.

Il N.° 33 indica la fauce o corridoio che fiancheggia tutti i tablini delle case pompeiane, disadorno e semplicemente intonacato.

Il N.° 34 pare un cubicolo, essendoci l'incavo del letto con zoccolo giallo liscio alto palmi 6 e mezzo, e fregio bianco adorno di grottesche.

Il N.° 35 segna l'atrio toscano di questa foresteria col suo picciolo compluvio nel centro. È decorato di graziose grottesche. Ha un zoccolo nero che lo circonda, su del quale i suoi muri sono dipinti in com-

(1) Lib. VI. cap. 10.

rtimenti rossi e neri. Nel centro della parete che è alla sinistra del-
:omo che entra in questo atrio dal lato del vicoletto sul quale spor-
l'ingresso di questa casetta, si veggono i resti di un quadro, la
i rappresentanza non può indagarsi, perchè non resta che la parte
ssa, nella quale non si veggono che le gambe de' cinque personaggi
e formavano la composizione di questa pittura. Nella opposta parete
10 due grandi incavi che sembrano aver servito a due armarì. La
nza N.° 36 che riceve lume dalla sua porta che si apre sull' atrio
pure una piccola finestra sporgente sul vicoletto. È rivestita di
icco bianco con parche e semplici riquadrature lineate con rosso e
n verde. Era questa forse la stanza dell' atriense che custodiva questa
:esteria. La stanza N.° 37, che riceve l'aria e la luce come la pre-
lente, ha un zoccolo giallo alto 13 palmi, con candelabri qua e là
:tribuiti che lo dividono in varî compartimenti, nel mezzo a' quali
inno in sei dischi campiti di rosso sei teste appena visibili, due
iorini volanti, ed un quadretto istoriato totalmente perduto. La par-
superiore di questa camera ha sopra stucco bianco in una specie di
:gio dipinti con spiritosa impetuosità varî animali bellissimi, fra i
.ali due cervi e due pantere. L'adito o protiro N.° 38, che sporge sul
:olo che rade questa casa dal lato di settentrione, ha un zoccolo
ro sul quale varie riquadrature dipinte sopra fondo bianco. La porta
terna di questa foresteria era adorna di due pilastrini rivestiti di
icco rosso.

Tornando adesso alla facciata di questa casa entriamo nella
ttega N.° 39 che ha un picciolo stanzino vicino ad essa segnato
l N.° 40. Questa bottega ha il pavimento di opera signina con pic-
oli frammenti di marmo irregolari di forma, incastrati in esso pa-
mento. La piccola scala che vi si vede saliva alle camere superiori
detta bottega, ove abitava il pompeiano che in essa esercitava il
o tenue commercio.

Il N.° 41 segna il protiro o adito di una casetta a due piani
prendeva luce dal piccolo peristilio N.° 46. Questo adito ha il pa
mento di musaico nero e bianco lavorato a squame. Nella più gra
stanza di questa casetta N.° 44 si vedono tre fornelli atti ad una q
che manifattura, forse ad una tintoria, se si vuol trarre questa c
gettura dalle molte botteghe in vicinanza di questa casa, ove si f
bricavano e si vendevano colori. Questa stanza ha una gran fines
aperta incontro i fornelli d'onde traea l'aria e la luce. Le sue pa
sono dipinte in compartimenti rossi e bianchi. La stanzetta segn
N.° 45 è dipinta a grottesche su fondo bianco, con elegante semp
cità, fra le quali grottesche si vedono cinque paesetti. Il peristi
N.° 46 è ricoperto di stucco lavorato a bugne con cinque pilastr
una piccola nicchia destinata al culto delle divinità che racchiude
in numero di cinque statuette di bronzo che si rinvennero nel lu
medesimo dove furono per l'ultima volta invocate dalla fami
pompeiana loro devota, e che fu costretta abbandonarle con la c
che avrebber dovuto proteggere per la sovrastante eruzione. Ecc
la descrizione:

1.° Figura muliebre velata che ha nella sinistra il cornucopi
nella dritta una patera, alta compresa la base 7/10.

2.° Ercole col vello del leone e la clava, alto con la base 5/

3.° Giove coronato di alloro, il fulmine nella dritta, a' pi
ha l'aquila, e colla sinistra si appoggia allo scettro, alto 9/10.

4.° Figura virile barbata e laureata, con la sinistra alzata
una patera nella destra, alta 3/10.

5.° Un'Iside o Fortuna, la quale ha nella dritta il timone, ne
sinistra il corno dell'abbondanza, e il fior di loto in fronte, alta 9/

Sotto questa nicchia sono dipinti i soliti due serpenti, e nella pa
superiore due Camilli col consueto riton nelle mani in atto di sac
ficare. La stanza sporgente sul detto peristilio N.° 47 ha il pavime

★★

opera signina , ed è dipinta di color rosso , con due istorie nel
ntro delle pareti rappresentate in due quadri , ne' quali le figure
no quasi accessorie del paese in cui sono espresse. Noi chiameremmo
este dipinture paesi istorici (*topiaria opera*). In una di esse vedesi
dromeda legata ad uno scoglio, incurvato a specchio del mare ,
n Perseo che accorre alla sua difesa , ed una figura che dalla parte
periore dello scoglio ove sta legata Andromeda è in atto con lo
gliare di un sasso sul mostro marino di volere ajutare l' audace
presa di Perseo. Nell' altro quadro si vede in una campagna Paride
luto vicino alla base di un' alta colonna , che sopporta un' urna,
che forse indica un monumento sepolcrale. Mercurio sta vicino a
ride, ed accenna le tre Dee, che si veggono in lontano sulle falde
l monte Ida, come se ivi aspettassero di essere da lui giudicate.

Il N.° 48 segna una grande stanza, probabilmente un cubicolo,
ichè vi si vedono due incavi che ad altro non sembrano aver po-
to servire , che al capezzale di due letti. Questa camera ha il
vimento di opera signina con alcuni musaici. I suoi muri dipinti
n semplicità hanno un zoccolo nero alto oltre i 10 palmi , ed un
gio bianco con animali e grottesche ora appena distinguibili.
N.° 49 segna una scala che saliva al piano superiore di questa
sa , e la fauce o corridoio per la quale si penetra nelle tre came-
te 50, 51, 52. La camera N.° 51 era un agiamento, quella N.° 52
a cucina , e la stanza N.° 50 era l' anticamera delle due precedenti.
esta picciola casetta è una nuova pruova dell' uso generale degli
namenti presso i Pompeiani, poichè non vi è casa per meschina
e sia che ne sia priva. Il N.° 53 indica l' adito di una modesta ca-
ttina che aveva ingresso dal vicolo. Il suo cortile N.° 54 , nel
ale vedesi un fornello ove fu trovata una caldaia di rame ,
veva essere in parte scoperto. Il N.° 57 segna una grande stanza
sadorna , senza essere nemmeno rivestita d' intonaco. Le due came-

rette N.° 55 e 56 erano forse due cubicoli, ambedue prendeva
luce da due picciole finestre aperte sul vicolo all' altezza di
palmi ; in una di queste si è trovata la inferriata che la chiudev
che è tuttavia in opera : nell' altra, che è la più adorna di que
modesta abitazione, sonovi dipinte grottesche sopra stucco bian
con uccelli e vari altri semplici ornati. Le iscrizioni che si so
trovate segnate sulla facciata di questa casa sono le seguenti.

Sul primo pilastro che sta alla dritta dell' uomo che entra
questa casa

GN · HELVIVM·SABINVM ·
AED·O·V·ƒ·
C· CALVENTIVM · SITTIVM·
Ī̄·V·R·I·D·V·BONI·VICVLA·

cioè : Gneum. Helvium. Sabinum. Aedilem. Orat. Ut. Faciatis. Caiu
Calventium. Sittium. Duumvirum. Iure. Dicundo. Viri. Boni. Vicu

La quale iscrizione voltata nell' italiana favella verrebbe a di
che Vicula prega che sia fatto Edile Gneo Elvio Sabino, e Duumv
e Giudice Caio Calvenzio Sizio uomini dabbene.

Sul secondo pilastro è ripetuta in parte la prima iscrizione co
segue :

GN · HELVIVM · SABINVM ·
AED · O · V·ƒ·

Sul terzo pilastro

POSTVMIVM ·   M · HOLCONIVM ·
Æ) .   PRISCVM · Æ) · Oᶜ ·
CASELLIVM ·   POSTVMIVM · PROCVLVI

AED ·

Sul quinto pilastro

M · HOLCONIVM ·
PRISCVM·AED·O^·
A·VETTIVM · CAPRASIVM ·

. . . .

.· IVLIVM · POLYBIVM · II̅ · VIR · STVDIOSVS · ET · PISTOR ·

In questa iscrizione i postulatori di Marco Olconio Prisco e Aulo
ezzio Caprasio per l' Edilità , e di Caio Giulio Polibio pel Duumvi-
to sono uno studioso ed un fornaio e mugnaio , giacchè il *Pistor*
a presso gli antichi l' operaio che esercitava i due mestieri di mu-
aio e fornaio che non erano giammai disgiunti.

Sul sesto pilastro

M · HOLCONIVM · Æ · O^·   ROGAT ·
SABINVS·

In quest' altra iscrizione è un Sabino che chiede l' elezione alla
Iilità pompeiana di Marco Olconio.

Sul settimo pilastro

. . . .

CASELLIVM·
Æ ·

Su queste iscrizioni riguardanti l' elezione delle magistrature mu-
cipali di Pompei, ·che sono le più numerose e le più frequenti, di-
orreremo alcune idee già da molti anni da noi avventurate e det-
teci dalla lunga esperienza che abbiamo di queste scavazioni.

L' amministrazione municipale di Pompei, come altre volte abbiam
:tto, affacciandosi nelle sue principali forme e funzioni con quella

di Roma perchè di comune origine, pare da non dubitare, che le elezioni de' suoi magistrati municipali si facessero a voto di popolo, a similitudine de' Comizî che presso i Romani eleggevano le autorità. Ciò posto coloro che a questo e a quel personaggio davano il loro voto, o facevano le loro brighe perchè fosse eletto, esternavano questo loro atto e desiderio scrivendolo su' muri delle strade pompeiane, e ciò per invogliare gli altri a seguire il loro esempio, col magnificare e predicare le buone qualità di quel personaggio, e per tal modo attaccarselo anche di gratitudine con queste manifestazioni che indicavano avergli dato il loro suffragio. Tanto più che il rogare che quasi sempre s'incontra in queste iscrizioni è termine indicativo di elezione, come *leges magistratusque rogare* ; e la elezione de' magistrati ne' Comizî si esprimeva eziandio con le voci *fieri* e *rogare*, ed in questo caso le sigle O. V. F. sarebbero da interpetrarsi *orat ut faciatis*, interpetrazione che viene mirabilmente confermata da una iscrizione della via nolana pubblicata dal Cav. Avellino, nella quale le iniziali O. V. F. vi si leggono per esteso *orat. ut. faciatis*, ed il *rogat* vorrebbe significare la designazione di quel personaggio a quel magistrato. Nè con ciò vogliam dire che queste iscrizioni potessero tener luogo di tabelle, ma che fossero piuttosto un mezzo, onde far conoscere i suffragi prima dell' elezioni, e fare mediante esse partito e suffragi a quei personaggi de' quali si dichiaravano postulatori, *rogatores*, quelli che le facevano scrivere.

Per lasciare ora di parlare delle cose particolari di questo cavamento e passare alla generalità delle scavazioni, diremo come in questo lasso di tempo si è scavata buona parte di una delle vie principali della città di Pompei, che abbiamo chiamato via delle Sonatrici, la quale divide in tutta la sua larghezza da settentrione a mezzogiorno, partendo dalla porta detta del Vesuvio e scendendo verso il mare, larga, maestosa e diritta a radere i Teatri, e traversare la porta sta-

ına. Forse la sola il cui nome è dichiarato non solo dalla sua postura,
ι anche da una iscrizione osca, prezioso monumento avanti essa
,venuto. Su questa iscrizione i nostri dotti colleghi Commendator
ıaranta, D. Giulio Minervini e Padre Garrucci hanno fatto dotte ed
ıborate memorie, alle quali essendo di pubblica ragione rimandiamo
curiosità de' nostri lettori.

Sopra il pilastro di una bottega contigua alla porta nolana si è
,vata questa iscrizione:

A · CEIVM·II·V·I·D·
EPACATVS · CITO·
ROG ·

pacato prega che sia presto eletto Aulo Ceio Duumviro e Giudice:
rizione nuova pel *cito*, presto, che è la prima volta che mi vien
.to di leggere in simili iscrizioni.

Si è anche rinvenuta in una bottega di droghiere, *pigmentarii*
ϧerna, nella via delle sonatrici una quantità di droghe e colori, fra
ɪuali alcuni pani di biacca con il marchio de' fabbricanti che suo-
va *Attiorum*, degli *Azii*, dovendo questo essere stato il nome dei
ɔbricanti di quelle droghe. Fra queste droghe erano degne di osser-
zione otto qualità di colori diversi, tra i quali tre gradazioni di terra
onazza e una massa di asfalto, e molto colore mescolato con gomma
ıstice; il che prova che era in uso presso gli antichi la tinta a
rnice che forse usavano sopra i legni esposti all' azione dell' umido.
ʌ anche singolare una quantità di luto fullonico, sostanza molto
ɲile al nostro sapone, e che stropicciata con acqua fra le mani ɒe
tutte le proprietà di assorbire le lordure, ed ammorbidire la pelle.
anche per la prima volta in questo periodo di tempo comparso un
ımmento di tazza di una sostanza similissima alla nostra porcellana,

e fu rinvenuto dietro la iscrizione osca della porta nolana nella presenza degli Accademici Ercolanesi.

Si sta ora scavando bella e ornatissima abitazione non lungi e nel lato della strada delle Sonatrici dirimpetto a quello ove è situata la descritta casa di Marco Lucrezio. Di tutte le cose rimarchevoli che vi si rinvengono, non che della sua pianta faremo argomento della relazione degli scavi che accompagnerà il quindicesimo volume.

Guglielmo Bechi.

biana. Forse la sola il cui nome è dichiarato r ı solo dalla sua postura,
ma anche da una iscrizione osca, prezios(monumento avanti essa
rinvenuto. Su questa iscrizione i nostri dot· colleghi Commendator
Quaranta, D. Giulio Minervini e Padre Gar cci hanno fatto dotte ed
elaborate memorie, alle quali essendo di pu lica ragione rimandiamo'
la curiosità de' nostri lettori.

Sopra il pilastro di una bottega contig a la porta nolana si è
trovata questa iscrizione :

A · CEIVM·II·V· D·

EPACATVS · CI O

ROG ·

Epacato prega che sia presto eletto Aulo C ı Duumviro e Giudice :
iscrizione nuova pel *cito*, presto, che è la ma volta che mi vien
fatto di leggere in simili iscrizioni.

Si è anche rinvenuta in una bottega droghiere, *pigmentarii*
taberna, nella via delle sonatrici una quan ı dì droghe e colori, fra
i quali alcuni pani di biacca con il marchi de' fabbricanti che suo-
nava *Attiorum*, degli *Azii*, dovendo quest(ssere stato il nome dei
fabbricanti di quelle droghe. Fra queste dr(ıe erano degne di osservazione otto qualità di colori diversi, tra i q i tre gradazioni di terra
paonazza e una massa di asfalto, e molto co e mescolato con gomma
mastice; il che prova che era in uso pr( ) gli antichi la tinta a
vernice che forse usavano sopra i legni espc all' azione dell' umido.
Era anche singolare una quantità di luto llonico, sostanza molto
simile al nostro sapone, e che stropicciata (acqua fra le mani ne
ha tutte le proprietà di assorbire le lordure ·d ammorbidire la pelle.
È anche per la prima volta in questo perio di tempo comparso un
frammento di tazza di una sostanza similissi alla nostra porcellana,

e fu rinvenuto diet o   iscrizione osca della porta nolana nella p
senza degli Accadem'c Ercolanesi.

Si sta ora scavan› bella e ornatissima abitazione non lungi
nel lato della strada   lle Sonatrici dirimpetto a quello ove è sito
la descritta casa di M co Lucrezio. Di tutte le cose rimarchevoli
vi si rinvengono , nonché della sua pianta faremo argomento d
relazione degli scavi ce accompagnerà il quindicesimo volume.

Guglielmo Bech

INDICE

PER MATERIE

DELLE TAVOLE

COMPRESE

IN QUESTO DECIMOQUARTO VOLUME.

ARCHITETTURA.

✦✭

PITTURA.

S C U L T U R A.

'C U L T U R A.

VASI VOLGARMENTE DETTI ETRUSCHI.

UTENSILI.

N. B. Oltre alle descritte tavole trovasi in fine del volume la relazione degli scavi di Pompei, nella quale si parla della tavola a. e della tavola A e B.

Lightning Source UK Ltd.
Milton Keynes UK
UKHW012040070119
335138UK00012B/809/P